Eva Arkady

Libre :
l'après-dépendance affective

Pour vivre sa vie autrement

jouvence
EDITIONS

Du même auteur aux Éditions Jouvence

Petit manifeste du plaisir féminin, 2007
Oser être soi, 2002

Extrait du catalogue Jouvence

Plénitudes, Rosette Poletti & Barbara Dobbs, 2007
Pratiquer la bienveillance,
Xavier Cornette de Saint Cyr, 2007
Ressources, Rosette Poletti & Barbara Dobbs, 2007
Apprenez à écouter, Christel Petitcollin, 2006
Au diable la culpabilité !, Yves-Alexandre Thalmann, 2005
Osez vous affirmer, Marie-France Muler, 2003
Apprendre à pardonner, Chantal Calatayud, 2003
L'empathie, le pouvoir de l'accueil, Jean-Philippe Faure
& Céline Girardet, 2003

Catalogue gratuit sur simple demande
ÉDITIONS JOUVENCE
BP 90107 – 74161 Saint-Julien-en-Genevois Cedex
Suisse : CP 184 – 1233 Genève-Bernex
Internet : **www.editions-jouvence.com**
E-mail : info@editions-jouvence.com

ISBN 978-2-88353-650-0

Maquette de couverture: Dynamic19, Thonon-les-Bains (74)
Maquette intérieure: atelier weidmann, Versoix (Suisse)

Sommaire

Remerciements 11

Note de l'auteur 11

Introduction 13

Que faire quand notre univers s'effondre ? **17**

Les accidents, les pertes, les chocs, la dépression :
des cadeaux pour nous ramener à nous-même 17

Prendre conscience de la situation 18

Lâcher prise : nous accepter dans notre impuissance 20

Accepter de vivre les conséquences de la dépression .. 26

Le questionnement intérieur de nos croyances 31

Notre vie actuelle: résultat des conditionnements négatifs et limitatifs de notre enfance 33
Origine des conditionnements de notre enfance 33
Comment découvrir ces conditionnements et les transformer? 37
Pourquoi changer? 39
Que signifie changer? 40
Comment changer? 41
Changer quoi? 43
Bases erronées 44
Atténuer la souffrance en acceptant la réalité 45
Accepter de perdre nos illusions: la clé du renouveau 46
La vie est changement 48
Reconnaître que la vie a son propre fonctionnement 49

Comment nous percevoir autrement? 51

Apprendre à fonctionner autrement 63
Apprendre à vivre autrement l'agitation qui est en nous 63
Comment gérer notre colère? 64
Transformer notre monologue intérieur 65
Changer notre attitude vis-à-vis de nous-même 66
Devenir pour nous le «parent aimant» que nous avons toujours rêvé d'avoir? 67
Écouter nos besoins, est-ce possible? 68
Écouter les messages de notre corps 69

La maladie et les malaises physiques : des signes pour nous aider à changer 70
S'occuper de soi 72
Demander ce dont nous avons besoin 73
Rassembler les morceaux éparpillés de nous-même .. 74
Arrêter de vouloir contrôler les autres 75
Et si nous ne nous mettions plus à la place de l'autre ? 76
L'effet libérateur du pardon 76
Faire le contraire de ce que nous avons toujours fait ? 79
Créer nos propres convictions 80
Faire des essais, c'est vivre ! 80
Prendre des risques ! 81
Vivre le moment présent, pour sortir de notre rôle de « victime » du passé 81
« Jeter à la poubelle » tout ce dont nous n'avons plus besoin ! 84
La liberté de choisir 86
Faire le choix d'être heureux ! 87
Changer en passant à l'action 88
Utiliser l'audace et le culot ! 89

Attitudes vis-à-vis des autres 91
Nous attirons ce que nous croyons 91
Les relations difficiles : des cadeaux d'évolution 93
Se donner l'autorisation d'aller vers les autres 94
Comment communiquer avec les autres ? 95
Apprendre à respecter l'autre 95

Éviter de faire à autrui ce que nous n'aimerions pas que l'on nous fasse ! 97
Une nouvelle optique : celle du gagnant-gagnant ! ... 97
Nous entourer de personnes positives 98
Oser dire « Je t'aime » à ceux et celles que nous aimons ! 99
Nous rapprocher des autres par le toucher 100
Nous faire plaisir en nous félicitant et en félicitant les autres ! 101
Ah, le pouvoir du sourire ! 102
Remercier et dire des compliments ! 102
Ah, les petits gestes et les petites attentions ! 103
Essayer de donner sans condition, juste pour le plaisir ! 104
Nous ne sommes pas obligés de subir, nous pouvons négocier ! 104
Créer notre propre groupe de parole ! 105

Attitudes vis-à-vis de la vie 107
Nos repères 107
Comment être sûrs que nous sommes sur la bonne voie ? 112
Se libérer des conditionnements négatifs pour vivre pleinement notre vie ? 113
Envisager notre vie comme une aventure pleine de surprises 115
Chaque difficulté est là pour nous aider à évoluer ! .. 116
Relativisons ! 116
Opter pour le lâcher-prise 117

Se simplifier la vie! 118
Profiter de chaque instant de notre vie! 119
Au lieu de passer en revue ce que nous n'avons pas, voyons plutôt ce que nous avons! 120
Remercier la vie pour tout ce qu'elle nous apporte! .. 121
Éviter de forcer les choses! 121
Adopter une conduite responsable envers les ressources de notre Terre 123
Apprendre à vivre de façon consciente les gestes quotidiens de notre vie! 124

La voie vers notre réalisation personnelle 125
La loi d'attraction et le lâcher-prise 126
Trouver ce qui nous rend heureux! 127
Faire ce que nous aimons est à notre portée 129
Se donner le droit de réussir! 130
Faire travailler notre inconscient! 130
Écrire nos buts 131
Prendre conscience du pouvoir des mots que nous employons 131
Adopter un autre vocabulaire! 132
Découvrir nos points forts 134
Insister sur les points positifs et les qualités, les nôtres et ceux des autres! 134
Découvrir et développer notre curiosité et notre créativité! 135
Nos projets sont formidables! Y croire et persévérer! 136
Nous avons droit au meilleur! 137

Qu'aimons-nous faire ? 138
Trouver notre voie et découvrir le sens de notre vie .. 139
Nous sommes uniques, ne devenons pas une copie ! 140
Croire dans nos rêves et les réaliser 141
Comment découvrir notre rêve ? 142
La boîte à buts 143
Demander grand pour recevoir grand ! 143

Mes aides 145
Les phrases « magiques » 145
Une technique efficace : la programmation en vingt et un jours 147
Les fleurs de Bach 148
Les livres de Louise Hay 148
Les livres de Suzane Jeffers 149

Du même auteur 153

Remerciements

Je remercie tout particulièrement :

Mes parents, en particulier ma mère, que j'embrasse très fort et à qui je dédie ce livre ; elle m'a montré combien elle m'aimait, surtout dans les moments où j'étais perdue et effondrée. Je la remercie pour toutes les attentions dont elle m'a comblée, pour l'amour pur et authentique qu'elle m'a offert, pour mon rêve de petite fille et d'adulte qu'elle m'a permis de réaliser : retrouver la paix et l'amour avant le départ de l'une de nous. Merci d'avoir été là. Merci d'être là. Maman, je t'aime.

L'accident où j'ai failli brûler vive ; il m'a obligée à lâcher le contrôle d'une vie qui n'était pas forcément mon chemin.

Les auteurs en développement personnel pour leurs livres grâce auxquels, j'ai pu, pas à pas, transformer ma vie.

Ceux et celles qui ont croisé ma route et qui m'ont aidée à découvrir qui je suis.

Ceux et celles qui m'ont aidée à réaliser mon rêve : faire paraître ce livre.

Mon éditeur qui m'a fait confiance et qui m'a permis de partager avec vous ce que j'ai appris.

Je remercie toutes les personnes
qui m'ont aidée à évoluer,
qui m'ont soutenue lors des épreuves,
qui m'ont aimée et m'ont montré tout leur amour,
qui m'ont offert leur amitié, chaleureuse
et précieuse.

Merci à vous tous,
Eva

Note de l'auteur. Bien que ce livre soit destiné aux femmes et aux hommes, je me suis permis d'utiliser le genre masculin afin de ne pas alourdir le texte.

Introduction

Avec mon livre *Oser être soi*[1], j'abordais le thème de la dépendance affective en donnant des outils à la personne dépendante affectivement pour qu'elle puisse se reconstruire.

Dans *Libre : l'après-dépendance affective – Pour vivre sa vie autrement,* je vous propose des pistes simples et pratiques pour vous reconstruire après un événement particulièrement déstabilisant et douloureux, que ce soit au moment de la séparation, lors d'une dépression, après un accident ou à la suite d'une perte capitale dans votre vie (la santé, un être cher, un travail, des illusions...). Ce moment est celui où nous nous sentons particulièrement démunis, fragiles, vulnérables, sans énergie, impuissants, à la dérive, parce que le château de cartes sur lequel nous avons construit notre vie vient

[1] *Oser être soi – Se libérer de la dépendance affective*, Eva Arkadi, Éditions Jouvence.

de s'écrouler. Suite à ce bouleversement, nous nous retrouvons devant un vide, une étape de totale remise en question de notre être et de tout notre système de fonctionnement.

Nous nous trouvons face à une nouvelle page à écrire, une personne, nous-même et notre vie à rebâtir.

Que faire ? Comment s'en sortir alors que tout notre monde s'est effondré ?

Le but de *Libre : l'après-dépendance affective* est de vous faire prendre conscience des croyances qui sabotent votre vie et de vous proposer de vous reprogrammer de façon totalement différente en fonction de la personne que vous êtes réellement et de ce que vous pourriez faire de votre vie pour la rendre la plus ressemblante à la personne que vous êtes.

Comme vous, j'ai longtemps cru que je n'avais aucun pouvoir sur ma vie. Je la subissais plus qu'autre chose et me présentais inconsciemment comme une « victime » de la vie et des autres.

J'ai tenté de comprendre pourquoi :

- je me sentais et j'agissais ainsi ;
- je me sentais limitée ;
- j'avais des comportements autodestructeurs ;
- j'acceptais tant de choses qui ne me convenaient pas.

En entamant une démarche personnelle de remise en question de mes anciens schémas de pensée et de fonctionnement, j'ai pu prendre conscience qu'il existait d'autres façons plus saines, plus vraies, plus en accord avec la personne que je suis, de voir et surtout de vivre les événements de ma vie.

Je suis heureuse de vous les transmettre à mon tour.

En nous bousculant, les « accidents » de la vie
nous offrent un « cadeau » très personnel :
celui d'apprendre à connaître, à accepter et,
enfin, à aimer la personne que nous sommes…

Je vous invite à un voyage très particulier
où chaque découverte vous aidera,
un peu plus, à créer une vie très différente
de celle que vous avez vécue
en respectant désormais qui vous êtes
et
ce qui est important pour vous.

Amicalement,
Eva

Que faire quand notre univers s'effondre ?

Les accidents, les pertes, les chocs, la dépression : des cadeaux pour nous ramener à nous-même

L'être humain a un fonctionnement particulier. Il a parfois besoin de coups durs pour sortir de situations dans lesquelles il s'est enferré. Il sait que quelque chose dans sa vie ne va pas, mais, presque malgré lui, il va continuer sa fuite en avant devant des émotions et des peurs qu'il ne contrôle plus. Un événement, souvent la perte de quelque chose de vital pour lui, que ce soit la perte d'un travail, une rupture, le décès d'un être cher, une maladie, un accident ou la perte de ses illusions, va déclencher un réflexe de survie : la dépression. Notre remise en question, la remise en question de tout ce en quoi nous croyions est totale. On pense souvent que c'est la pire des choses qui puisse nous arriver et pourtant, c'est le début d'un retour obligé à soi, à qui l'on est, à ce qui est réellement important pour nous. Je comparerais cette situation à celle d'une graine qui vient d'être mise en terre, qui se repose en attendant que d'autres éléments essentiels l'aident à entreprendre son chemin de croissance pour devenir la plante qu'elle est destinée à être. Pour moi, toutes les circonstances qui provoquent les remises en question de notre vie sont des cadeaux pour nous aider à revenir vers la personne que nous sommes réellement et non celle que nous croyons devoir être. Tous, nous avons été conditionnés d'une certaine façon dans notre enfance. L'objectif de la vie est de nous aider à retrouver qui nous sommes.

Prendre conscience de la situation

Notre perception de nous-même

Notre réalité actuelle est que, suite à l'accident ou à la perte capitale que nous venons de vivre, nous nous sentons impuissants, fragiles et vulnérables. Tout ce à quoi nous tentions désespérément d'échapper – les peurs, le stress, les tensions – nous a rattrapés. Ces éléments ont été les plus forts. Tout ce en quoi nous croyions s'est écroulé, notre monde a basculé, nos illusions et nos mensonges sont revenus à la surface ; en revanche, nous avons chuté avec eux, dans un puits sans fond. Nous ne sommes plus que l'ombre de nous-même. Nous sommes exsangues. Plus rien n'a d'importance, plus rien n'existe. Rien ne nous raccroche vraiment à la vie.

La réalité et les faits

Nous sommes vivants. Notre quotidien va changer. Nous allons devoir prendre un temps de repos forcé, car si nous ne le prenons pas, le corps va rappeler son besoin de décompresser. Et si nous ne l'écoutons pas, un autre événement d'intensité supérieure va se mettre en place pour nous obliger à nous arrêter.

Faire face à ce que nous ne voulions pas voir

Ce temps de pause est important également pour accueillir les émotions que nous voulions tant fuir. Même chose pour les peurs que l'on va avoir besoin de nommer et de décrire. Nous pouvons demander l'aide d'un spécialiste pour nous pencher sur ce qui nous a si longtemps empêchés d'être la personne que nous sommes réellement. Ces peurs sont-elles fondées ? D'où viennent-elles ? Est-ce que ce ne sont pas juste de terribles histoires que nous nous racontons pour nous faire peur ? Devons-nous réagir comme l'enfant effrayé que nous étions ou pouvons nous les désamorcer de façon consciente ?

Lâcher prise : nous accepter dans notre impuissance

Admettre l'inévitable effondrement

Lorsque la perte, l'accident, la maladie ou la dépression arrivent, ils sonnent enfin l'arrêt de la course contre la montre dans laquelle nous nous sommes précipités pour éviter de souffrir. Comme vous le savez, plus nous essayons d'éviter quelque chose, plus nous l'attirons. La tension et les peurs sont à leur paroxysme ; l'événement, le choc arrivent, les tensions se relâchent, il n'y a plus de contrôle possible. Tout s'effondre. Une partie de la tension extrême disparaît. Une sorte de soulagement apparaît. On souffre toujours, mais différemment, de façon beaucoup plus supportable.

La dépression : un réflexe de vie

Contrairement à ce que l'on pense, la dépression est une réponse de notre organisme et de notre cerveau pour nous soulager d'une tension insupportable que nous avons créée en prenant pour vraies certaines de nos croyances et de nos peurs. Celles-ci datent de l'enfance et nous avons continué à les nourrir en étant adultes. Le corps et le cerveau souhaitent vivre et nous maintenir en bonne santé. La dépression nous impose un arrêt obligatoire. Ce temps de pause, indispensable, nous permet de contacter à nouveau les différentes parties de notre être, que nous avons écartées ou abandonnées pour nous protéger et nous programmer en mode « de survie » afin de correspondre à notre image. L'inadéquation entre ces deux personnages que nous essayons d'être arrive au point où le mensonge est tel que nous allons nous mettre « hors circuit » pour, toujours inconsciemment, pouvoir retrouver la partie de la personne que nous sommes vraiment.

La dépression est un cadeau et en même temps un moteur pour nous permettre de lâcher prise. En perdant le contrôle, nous pouvons toucher le fond et commencer notre remontée vers la surface.

Reconnaître notre impuissance

Reconnaître notre impuissance revient à rendre les armes, à déposer notre fardeau en disant « Voilà, je ne suis plus capable de porter ce poids. Je me sens impuissant face à ce que j'affronte. C'est plus fort que moi. Je me rends. » C'est se donner le droit de ne plus contrôler l'incontrôlable. C'est accepter enfin de ne plus s'imposer l'impossible. C'est se libérer d'une pression qui nous a vidés de toute notre énergie. C'est, inconsciemment, se rendre le meilleur service pour recommencer à vivre.

Reconnaître la mort de nos illusions

Ces illusions ne sont que les mensonges que nous nous sommes créés pour nous protéger de croyances trop fortes, insupportables par rapport à l'idée que nous nous faisions de la personne que nous aurions voulu être. Cette reconnaissance est une étape importante de notre être pour pouvoir nous reconstruire librement par la suite.

Nous donner du temps pour accepter la dépression et la vivre à fond

Nous avons souvent tendance à définir la dépression comme un échec personnel, celui de ne pas avoir réussi à être la personne que nous aurions aimé être pour donner le change aux autres. Notre fragilité, notre impuissance, est donc d'autant plus difficile à vivre et à gérer. Vivre une dépression à fond, revient à en vivre chaque étape, chaque moment dans le moment présent en évitant de nous juger. Vivre la dépression à fond, c'est s'autoriser à cette fragilité qui fait partie du côté « ombre » que nous n'avons pas voulu accueillir avant. La dépression nous permettra justement de mettre en lumière tous ces aspects inconnus de nous-même.

Nous donner du temps pour récupérer physiquement, émotionnellement et psychologiquement

Nous ne sommes pas des machines. Nous faisons partie de la nature et la nature a ses propres règles et fonctionnements. Nous sommes un tout et, dans la dépression, ces aspects sont très présents et ils ont tous besoin de notre attention pour pouvoir reprendre leur place et leur état de santé premier. Le temps est une donnée essentielle qu'il est vital de respecter.

Cesser de lutter

Cela fait si longtemps que l'on lutte, qu'on essaye de se donner le change, que l'on se ment à soi-même en disant que la façon dont nous vivons est bonne, alors que tout nous signale que ce n'est pas le cas. Qui dit combat dit rapport de forces et, dans notre cas, nous nous battons contre nous-même et notre propre bien-être. Qui dit lutte dit efforts importants, tension et aller au-delà de nos limites. Nous croyons être un élastique sur lequel nous tirons. Il est extensible, mais, arrivé à un certain point, il claque. Dans cette bataille, nous ne pouvons être que perdants. Arrêter de lutter revient à préférer la liberté et la paix plutôt que de chercher à avoir raison.

Reconnaître notre incapacité à nous occuper de nous-même

Si nous avons tant lutté, c'est parce que nous voulions être forts, très forts, plus forts que les événements. Il y a des moments dans la vie où nous n'avons d'autre choix que celui de reconnaître que nous n'en pouvons plus et qu'il est temps d'appeler au secours. Ce n'est pas un signe de faiblesse, mais bien un acte de bonté envers nous-même.

Demander et accepter de l'aide

Reconnaître que l'on a besoin de l'aide de personnes extérieures et la demander est un acte d'amour envers nous-même. Nous avons tous besoin d'attention, de présence d'autres êtres autour de nous. N'hésitez jamais à demander du secours. Mettez votre ego de côté, il n'a pas sa place auprès de vous pour le moment. Il vous a fait suffisamment de mal en vous entraînant dans le contrôle. Sachez aussi que de nombreuses personnes qui vous aiment et pour lesquelles vous êtes important seront heureuses d'être là pour vous. Donnez-vous l'autorisation de demander ce dont vous avez besoin et si les autres ont envie de vous gâter et de s'occuper de vous, laissez-les faire. Cela leur fait plaisir et leur permet de vous montrer, combien vous êtes important à leurs yeux. De toute façon, vous n'êtes pas en mesure de faire quoi que ce soit pour vous pour le moment, étant donné que votre état d'épuisement est trop avancé. Laissez-vous gâter, c'est si bon !

Réaliser que les peurs nous menaient

Certaines peurs remontent des profondeurs de notre être. Elles sont puissantes et violentes. Elles arrivent comme des tsunamis qui balayent tout sur leur passage et laissent des dégâts derrière elles. Mais, comme pour tout, il faut parfois que les choses soient détruites pour faire place nette et pour reconstruire sur de nouvelles bases, cette fois saines et solides.

Remercier la vie car notre course folle s'est enfin arrêtée

Aussi surprenant que cela paraisse, la vie s'est chargée d'arrêter notre course folle pour fuir nos peurs et nos émotions. Nous n'avons plus à courir ni à fuir. La vie est généreuse, car derrière toute épreuve, il y a des cadeaux dont on ne peut mesurer l'importance qu'avec le recul. Plus tard, nous nous rendrons compte que nous avions besoin d'être bousculés ainsi pour réaliser que nous allions dans la mauvaise direction, que nous nous éloignions de plus en plus de notre être véritable et de ce qu'il est venu expérimenter sur cette Terre.

Accepter de vivre les conséquences de la dépression

Toute dépression a ses temps et ses paliers. L'important est de respecter son rythme d'évolution et de guérison. On ne peut remonter la pente que si l'on a touché vraiment le fond.

Chaque étape est importante, chaque temps de pause essentiel à l'intégration de notre évolution. Prenons notre temps, la vie nous le donne même si nous croyons que ce n'est pas le cas.

Le temps essentiel dans le processus d'évolution

Nous vivons dans une société où la satisfaction du besoin doit être immédiate. Malheureusement, nous sommes souvent très déçus parce que les changements n'arrivent pas au moment où nous le voulons. C'est une excellente école pour apprendre la patience. **Le changement se fera lorsque nous serons prêts.** Forcer ne sert à rien sinon à nous épuiser. **Ce n'est pas parce que nous voulons changer que notre inconscient est prêt à le faire.** De plus, tant que nous n'avons pas retenu la leçon de ce qui nous est arrivé, nous recommencerons sans cesse les mêmes expériences, mais avec d'autres personnes.

Dormir beaucoup, autant que notre corps en éprouve le besoin. Cela permet au cerveau de se déconnecter en faisant une pause, de réparer le corps et l'esprit. Les cellules pour se reconstruire ont besoin de calme et de repos.

Profitons des temps de pause pour marcher dans la nature. La nature est un baume régénérant pour le corps et l'esprit stressés et fatigués. La campagne, la forêt, la mer, la montagne, nous redonneront des forces et de l'énergie. Le calme nous apaisera. En pratiquant la marche, profitons-en pour regarder autour de nous, pour quitter nos pensées, pour nous émerveiller de la beauté de la nature. Laissons-nous nous imprégner de la nature.

Les passages

Notre évolution personnelle se fait par étapes tout au long de notre vie. Il y a les passages obligés. Ceux que nous aurons esquivés ou sautés se représenteront. Il est étonnant de constater que la vie nous représente toujours et encore les mêmes « plats » (événements, types de personnes, relations...) tout au long de notre existence. Regardons nos relations affectives. N'ont-elles rien en commun ? N'avons-nous pas l'impression d'être toujours confrontés aux mêmes types de relations à problèmes ?

Donnons-nous le temps de vivre les états émotionnels difficiles tels que la peur, la colère, la rage, la honte, les sentiments d'infériorité, la culpabilité, la solitude... On ne change pas en cinq minutes. Il faut du temps pour décoder nos conditionnements négatifs et pouvoir les travailler. Il nous en faut des expériences pour nous déshabituer des habitudes néfastes de penser. C'est un mouvement progressif. Il y aura des moments où nous penserons reculer, d'autres où nous aurons l'impression de faire du « sur place ». Nous nous énerverons contre cette **lenteur. Mais elle est nécessaire pour ancrer progressivement, en nous, de**

nouveaux comportements. Nous en aurons aussi qui nous donnerons des ailes pour avancer. La vie est faite d'apprentissages, d'expériences et de leçons. Prenons notre temps. **Acceptons, pour l'instant, d'être qui nous sommes avec nos possibilités et nos limites.** Pensons aussi à arrêter d'être si exigeants vis-à-vis de nous-même. Vouloir être autre de qui l'on est est destructeur et vain. Accepter notre état actuel et notre réalité d'aujourd'hui est la meilleure façon de gérer le moment présent.

La patience :
clé de l'évolution personnelle

Pour les impatients qui voudraient déjà être arrivés au but, le chemin sera celui de l'apprentissage de la lenteur. Ne le subissons pas. Soyons au contraire ouverts à ce que la vie nous présente. Mettons juste un pied devant l'autre. Commençons comme un enfant qui apprend à marcher. Il tombe, il se relève, il recommence. **Faire des tentatives, des erreurs, se tromper, recommencer, s'améliorer à chaque pas, c'est aussi ça l'évolution personnelle.**

Une évolution vécue à fond, en acceptant et en faisant confiance au processus de la vie et des événements présentés par celle-ci, nous permettra de bâtir des bases solides pour être capables de faire face aux événements quels qu'ils soient.

La persévérance

On dit souvent que l'on a peur de l'inconnu et pourtant ce n'est pas cela qui nous effraie. Nous craignons de perdre ce qui nous est connu. Pour nous, la souffrance est quelque chose que l'on connaît et tout ce que l'on connaît n'est pas dangereux. Cela explique que la plupart d'entre nous préfèrent continuer à souffrir plutôt que de s'engager à changer. Beaucoup d'entre nous décident d'entamer des changements, mais se découragent rapidement lorsque cela ne va pas aussi vite qu'ils le souhaitent. Il faut bien le reconnaître, la transformation prend du temps et nécessite de remettre en question tout ce qui a fait notre vie jusqu'à présent.

Nous n'avons pas vraiment envie de nous lancer dans tout un ensemble de nouveautés qu'il nous faudra mettre en place, travailler et organiser. Sans parler du fait que peu d'entre nous ont envie de faire monter à la surface des émotions qu'ils ont mis toute leur vie à recouvrir et à enfouir au plus profond d'eux-mêmes.

L'espoir

Gardez toujours en mémoire que, quels que soient les événements, les coups durs, les séries noires, nous avons tous en nous la force et le courage de tenir et de faire face. Ce sont eux qui nous aident à découvrir les facettes de notre personnalité, à faire remonter les émotions que nous avions ensevelies. Ils nous aident à faire connaissance avec nos ressources et nos possibilités.

Même si notre horizon semble bouché, gardons toujours en mémoire qu'après la pluie vient le beau temps, après la nuit vient le jour, après la mort vient la vie. Gardons aussi présent que nous ne sommes pas seuls, que notre ange gardien est toujours là, à nos côtés. Demandons-lui son aide. Nous découvrirons de jolies surprises sur notre route.

Le questionnement intérieur de nos croyances

J'aimerais vous faire part de la technique du questionnement intérieur de nos croyances qu'a développé Katie Byron dans *Aimer ce qui est*. Il s'agit de questionner nos peurs.

Par exemple, je me pose les questions suivantes et j'observe mes réponses.

– « J'ai peur de manquer d'argent » ou « J'ai peur de me retrouver à la rue », « J'ai peur de ne pas y arriver », etc.

– Est-ce vrai ?

– Comment est-ce que je me sens en croyant cela ?

– Tendue ? Sous pression ?

– Qui est-ce qui me met la pression ?

– Moi-même.

– Comment me sentirais-je si je n'avais pas cette pensée ?

– Libre, bien, en forme, sans stress. Je pourrais respirer normalement.

– Ai-je envie d'avoir raison et de continuer à avoir cette croyance qui me fait du mal ou suis-je prête à l'abandonner pour me sentir bien et avoir la paix ?

Je vous invite à découvrir cette méthode d'interrogation des croyances qui nous font souffrir. C'est une excellente approche, car elle travaille directement au niveau de celles qui nous empêchent d'être heureux. Renseignez-vous, des stages ou des thérapeutes peuvent, peut-être, vous aider dans votre région.

Notre vie actuelle : résultat des conditionnements négatifs et limitatifs de notre enfance

Qui dit « conditionnement », implique forcément « déconditionnement » pour se « reconditionner »

Origine des conditionnements de notre enfance

Depuis l'enfance, nous avons été conditionnés par notre entourage et notre environnement. Nos croyances négatives concernant la vie, les autres et nous-même sont, la plupart du temps, celles des autres que nous avons adoptées comme vraies. Désormais, celles-ci régissent notre vie sans que nous en ayons vraiment conscience. Elles conditionnent, encore maintenant, nos pensées et nos comportements d'adultes.

Nous nous cantonnons souvent encore à ce qui nous limite, à ce qui nous dévalorise, à ce qui nous empêche d'avancer librement dans notre voie. L'adulte que nous sommes n'est que le résultat de conditionnements inculqués durant notre enfance par le regard et les définitions des autres.

- On nous a probablement définis comme étant le minable, le distrait, l'incapable, le nul, le paresseux, l'inculte, le timide, le maladroit, le fauteur de troubles, le gai luron, l'instable, le fort, le maigre, le gros, le petit, le grand.
- On nous a mis des étiquettes que nous continuons toujours à porter.
- On nous a dit ou on nous a fait comprendre que nous étions incompétents, que nous n'arriverions jamais à rien, que nous ne savions rien faire de nos dix doigts, que nous étions une charge, que nous étions un poids pour la famille et pour la société.
- On a peut-être insisté sur des aspects physiques qu'on a mis en exergue en nous ridiculisant…
- On s'est moqué de nous, on nous a amoindris.
- On nous a fait nous sentir inférieurs pour mieux pouvoir nous dominer.
- On nous a inculqué la honte d'être la personne que nous sommes.
- On nous a réduits, limités, on nous a dévalorisés, on nous a dénigrés.
- On nous a culpabilisés.
- On nous a peut-être fait nous sentir coupables d'exister et d'être à l'origine des problèmes des adultes.

Tous ces conditionnements ont fait de nous quelqu'un de complexé, sans aucune confiance en nous-mêmes. Or au départ, nous étions un enfant, insouciant, gai, unique et formidable, plein de talents et de possibilités.

L'enfant qui a grandi dans une famille « dysfonctionnelle » est devenu un adulte perturbé, reproduisant malgré lui, dans son monologue intérieur, les définitions négatives qu'on a faites de lui dans son enfance. Sa vie ne fera que refléter toutes ces limitations. La seule possibilité pour s'en sortir sera de demander de l'aide et de découvrir, par lui-même, l'aberration de ces définitions.

- Il pourra se rendre compte du conditionnement qu'il a subi, en découvrant que toutes ces définitions n'étaient pas vraies.
- Il pourra choisir de ne plus les utiliser, puis de les remplacer par des définitions fortes, constructives, dynamisantes, accompagnées d'émotions positives.
- En les remettant en question, il pourra découvrir qui il est réellement, quels sont ses forces, ses talents, ses possibilités et ses richesses.

Si on a pu nous conditionner négativement,
nous pouvons nous déconditionner
pour nous reconditionner positivement.

La remise en question nous donne la possibilité de refaire connaissance avec nous-même et de reprendre contact avec toutes nos particularités. Cette découverte de nous-même permet de mettre le doigt sur toutes les croyances négatives autodestructrices, les aberrations, les illusions qui sont la base de nos croyances.

Le fait de découvrir que **nous avons bâti notre vie sur des illusions** va pouvoir nous aider à adapter notre orientation. L'objectif est de prendre conscience de ces conditionnements et de pouvoir les remplacer par d'autres, plus sains, basés sur l'amour, le respect de soi, l'établissement de limites, l'expression de tout ce que nous sommes, l'épanouissement de nos talents et de nos capacités. Plus proches de nous-même, nous pourrons alors découvrir des choix et des possibilités en accord avec ce que nous sommes.

L'on dit souvent que « notre vie est le reflet de nos croyances ». Nous avons été « sous influence », mais nous pouvons aujourd'hui choisir de transformer ces croyances négatives sur nous, les autres et la vie, en croyances qui vont au contraire renforcer notre confiance en nous.

Ce n'est pas parce que nous ne nous sommes pas sentis aimés, valorisés, reconnus comme nous en aurions eu besoin, que nous ne sommes pas dignes d'être aimés. Nous ne sommes pas ce que les autres disent de nous !

La seule personne
qui peut reconstruire notre confiance en nous,
c'est NOUS.

Comment découvrir ces conditionnements et les transformer ?

Dès qu'il nous vient des idées négatives nous concernant ou concernant les autres, posons-nous les questions suivantes :

- Cette croyance est-elle « vraie » pour moi ?
- Qui me disait cela dans mon enfance ?
- Puis-je changer cette croyance en quelque chose de positif ?
- Est-ce possible de le faire tout de suite et autant de fois que je le souhaite ?

Exemple : « Je suis incapable, je suis nul, je n'y arriverai jamais, je n'ai pas les compétences pour… »

- *Cette croyance est-elle « vraie » pour moi ?*

Non, ce n'est pas parce que j'y ai cru pendant toutes ces années que c'est vrai. Je n'ai fait que reprendre à mon compte ce que les autres disaient de moi. Et si j'essayais de voir ce dont je suis capable lorsque je crois en moi et en mes possibilités. Je ne suis plus obligé de m'enfermer dans des croyances qui m'empêchent de faire des essais, des tentatives pour changer ma conception de la vie.

- *Qui me disait cela dans mon enfance ?*

Mon entourage proche et les personnes avec lesquelles j'étais en contact. Pourquoi ? Parce que c'était la seule façon qu'ils avaient d'avoir du pouvoir sur moi et de me faire faire les choses qu'ils attendaient de moi. Il est beaucoup plus difficile d'imposer sa loi à quelqu'un qui a confiance en lui et qui mettra ses limites dès le départ.

- *J'ai le choix, je peux changer cette croyance.*

«Je suis incapable» en «**Je suis capable!**»
«Je suis nul» en «**J'ai des ressources!**»
«Je n'y arriverai jamais» en **«Je peux y arriver!»**
«Je n'ai pas les compétences» en «**Je vais faire de mon mieux avec ce que j'ai.**»

Remarquons le pouvoir des mots comme: «Je suis», «Je peux». Le processus est le suivant:

- écoutez de façon consciente vos pensées;
- déprogrammez cette pensée en la reprogrammant pour qu'elle devienne un nouvel automatisme.

Les changements peuvent s'opérer très rapidement, car le pouvoir de la programmation réside dans le moment présent. Nous pouvons commencer à changer immédiatement, en encodant des nouvelles données (acceptées comme vraies par votre cerveau) qui remplaceront les anciennes.

Nous sommes la seule personne qui peut changer notre façon de percevoir les choses!

Pourquoi changer ?

Parce que :

- Nous avons vécu une perte capitale qui a déclenché un processus de remise en question de la façon dont nous fonctionnions jusqu'à présent.
- Nous nous sentons mal et nous ne pouvons plus continuer comme avant.
- Nous sommes trop souvent allés au-delà de nos limites.
- Notre seuil de tolérance et de souffrance a été trop souvent dépassé.
- Nous sommes en trop grand décalage entre ce qui nous ferait du bien, ce que nous souhaiterions et ce que nous nous forçons à faire pour nous adapter au regard et aux attentes des autres, mais surtout par rapport à notre propre regard !

Puisque nous ne pouvons plus nous contenter de continuer à vivre ainsi, des événements vont se mettre en place pour nous obliger à changer : cela pourra être une maladie, une dépression, un accident, de toute façon quelque chose de fort qui stoppera notre fuite en avant.

Que signifie changer ?

Changer c'est:

- Nous remettre en question.
- Vouloir vivre notre vie de façon plus consciente.
- Entreprendre une évolution progressive qui va durer toute notre vie.
- Nous responsabiliser et nous prendre en main.
- Agir pour changer.
- Être prêt à découvrir cette personne inconnue que nous sommes pour nous-même. (Découvrir: enlever les différentes couches/masques qui ont recouvert la personne que nous sommes vraiment, arrêter de jouer des rôles, de paraître et de vouloir être ce que nous ne sommes pas.)
- Apprendre à nous apprivoiser, à nous aimer, à nous respecter et à nous faire respecter.
- Reprendre contact avec nous pour être capable, par la suite, d'accepter et d'aimer les autres tels qu'ils sont.
- Nous recentrer sur nous, nos besoins réels, nos désirs, nos rêves. Définir ou redéfinir nos limites. « Re-croire » en nous.
- Être prêt à nous faire confiance et à faire confiance à la vie en lâchant le contrôle (c'est-à-dire la façon dont nous voudrions que la vie réponde à nos attentes).
- Être persuadé que la vie est là pour nous aider à devenir qui nous sommes réellement.

- Reconstruire lentement mais sûrement de nouvelles bases solides pour notre personnalité.
- Remettre en question tous les repères qui jusqu'à présent ont façonné notre vie (nos croyances, nos systèmes de pensée, notre façon d'être et d'agir, nos comportements, nos réactions...)
- Avoir le courage de réactualiser et de réadapter nos données en fonction de la personne que nous sommes.
- Sortir des sentiers battus pour découvrir par nous-même notre voie. Poursuivre notre « légende personnelle » et entamer « le chemin le moins fréquenté ».
- Remettre les choses dans le bon sens et reconstituer notre puzzle personnel.
- Vivre notre vie « ici et maintenant » dans l'instant présent.
- Chercher avant tout à « être ».

Comment changer ?

Le changement ne peut se faire que si nous voulons bien l'entreprendre en notre âme et conscience. Si nous sommes prêts à y consacrer du temps et à nous y investir. C'est un chemin de découverte lent et progressif.

Il ne s'agit pas de nous transformer en une autre personne mais de :

- nous accepter dans notre état actuel d'effondrement ;
- nous aider à vivre notre vie de façon plus consciente dans le moment présent ;
- transformer tout ce qui nous bloque en possibilités d'ouverture et d'évolution ;
- changer notre façon limitative et négative de nous percevoir, de percevoir les autres et la vie en général.

Pour apprendre à nous retrouver, il est important de :

- découvrir la cause de nos souffrances, d'en parler pour nous libérer ;
- sortir tout ce qui nous a fait du mal ;
- reconnaître que ce qui nous fait souffrir, c'est **notre interprétation et notre réaction** par rapport à un événement ou à ce que l'autre a dit ou fait ;
- ne plus chercher à être celui que nous ne sommes pas, mais nous accepter tel que nous sommes.

Changer quoi ?

Nos perceptions erronées
de notre vie

Il ne s'agit pas de nous changer, mais de changer nos perceptions erronées de la vie.

On fait souvent la confusion entre
se changer pour devenir quelqu'un d'autre et
changer sa perception de soi et des autres
pour améliorer sa vie.

Combien d'entre nous ont essayé de se changer à tout prix en devenant encore plus durs et encore plus sévères avec eux-mêmes. Non, il ne s'agit pas de cela, il s'agit plutôt de transformer les perceptions illusoires et négatives en des approches saines, libres et vraies, en accord avec ce que nous sommes au fond de nous.

N'avons-nous pas envie de croire à des valeurs qui nous font du bien, plutôt qu'à celles qui nous entravent, nous bloquent et nous font du mal ?

Nos habitudes de penser et de nous comporter

Tous ces conditionnements négatifs nous ont été inculqués jour après jour pendant de nombreuses années. Il faudra donc, effectivement un peu de patience, pour les remplacer. En général, c'est souvent le premier pas qui coûte. Mais franchement, nos anciens conditionnements nous ont-ils rendus heureux?

Nous avons tout à gagner à nous investir dans le changement. Nous ne sommes plus obligés d'être « esclaves » de nos anciennes habitudes. Nous pouvons décider de renoncer à elles et de tenter une autre approche, basée sur une meilleure connaissance de nous-même. En prenant conscience des comportements négatifs et limitatifs appris, nous pouvons désapprendre tout ce qui nous a été inculqué et le remplacer par une façon de penser qui nous permet de développer les formidables potentiels, talents et possibilités que chacun d'entre nous possède.

Bases erronées

Lors du bouleversement qui a fait basculer notre vie, nous sommes forcés de constater que ce que nous croyions vrai et immuable, ne l'est pas. Nous nous rendons compte que nous avons bâti toute notre vie sur des illusions. La réalité nous agresse. Elle nous est insupportable. Nous nous rendons compte combien nous nous sommes trompés et combien nos bases étaient fausses. Le choc est de taille !

Il y a aussi cette inadéquation entre l'image de la personne que nous voudrions être et celle que nous sommes vraiment. C'est cet énorme décalage entre ce que nous montrons et la façon dont nous nous percevons qui crée notre souffrance.

Atténuer la souffrance en acceptant la réalité

Qu'est-ce que la souffrance sinon vouloir que la vie soit différente de ce qu'elle est ?

Il y a un moment où les émotions remontent à la surface et nous forcent à les regarder et à les affronter. Nous n'avons plus le choix. Tant que nous refusons de voir la réalité en face et que nous continuons à vouloir vivre dans nos illusions, nous nageons à contresens. Nous dépensons une énergie considérable à nous battre contre un courant qui est bien plus fort que nous. Nous nous épuisons.

En général, la souffrance affleure à la surface lorsque nous nous heurtons à la réalité, lorsque nous sommes confrontés aux mensonges que nous nous sommes dits, lorsque nous assistons à la mise en pièces de nos illusions, lorsque tout ce que nous croyions constant et solide s'écroule, tel un château de cartes.

La solution : accepter la réalité.
On appelle cela aussi le « lâcher-prise ».

En reconnaissant que nous nous sommes trompés, en acceptant d'arrêter de nous mentir, en étant prêts à voir notre réalité en face, nous sommes prêts à nous donner les moyens d'aller de l'avant sur des bases saines. Chaque fois que nous cessons de lutter contre quelque chose, celle-ci perd de son pouvoir et nous reprenons un peu plus de notre liberté.

Accepter de perdre nos illusions : la clé du renouveau

Pourquoi sommes-nous malheureux ? Peut-être parce que nous vivons et que nous entretenons nos illusions. En croyant à nos idées fausses et en les alimentant, nous refusons de voir notre réalité. La seule personne que nous trompons, c'est nous-même !

Prenons un exemple : Lorsque nous sommes amoureux, nous ne sommes pas amoureux de la personne, mais de l'image que nous nous en faisons. Nous idéalisons l'autre. L'autre nous renvoie une image de nous qui nous plaît. En fait, nous sommes amoureux de l'idée que nous nous faisons de la personne et de la relation que nous aimerions avoir. Nous refusons d'écouter notre bon sens et les nombreux signes sur notre route qui nous préviennent que cette relation n'est pas pour nous, que nous allons souffrir.

Si nous nous entendons penser ou dire « Cela n'a pas d'importance, il changera, je le changerai, ça s'améliorera avec le temps… », nous pouvons être sûrs que c'est justement ce qui nous déplaît au début de la relation qui va détériorer la relation par la suite. Mais nous avons tellement envie de croire en nos illusions que nous allons nous précipiter dans cette relation en dépit du bon sens [1].

Beaucoup de gens ne désirent pas vraiment grandir ou changer. Ils ne veulent pas vraiment être heureux. Ils n'ont pas été conditionnés à cela et puis, il faudrait changer « tant » de choses.

Peut-être nous faudra-t-il faire beaucoup d'erreurs dans ce domaine pour enfin accepter de voir la réalité en face et accepter de garder « les pieds sur terre » pour prendre de bonnes décisions en notre faveur.

---

[1] *L'indispensable aide-mémoire de la femme avertie*, Eva Arkady, publié par l'auteur. Un livre indispensable à toutes les femmes pour éviter les hommes à problèmes et devenir très sélectives dans le choix de leur partenaire potentiel. Cf. bibliographie et site de l'auteur : http://eva-arkady.skynetblogs.be

La vie est changement

Dans la vie rien n'est garanti ni acquis. Tout change, tout se transforme. Au début du processus d'évolution, nous serons tentés de retrouver ce que nous connaissons: la stabilité, les garanties, la sécurité que l'on nous a inculquées. Mais la vie est mouvement et adaptation perpétuelle. Les notions de garantie et de stabilité n'en font pas partie.

Nous allons être confrontés à la disparition de nos anciens repères. Nous allons nous sentir particulièrement déstabilisés et fragilisés. La peur et son cortège d'angoisses vont nous envahir et nous faire paniquer.

Reconnaissons ces peurs. Cet état de déstabilisation fait partie du processus d'évolution. Toutes les sensations accumulées en nous depuis si longtemps, vont avoir tendance à remonter à la surface et à exploser. **La seule façon de les vaincre sera de les vivre et de les laisser exploser.** Cela est nécessaire pour nous nettoyer et nous en libérer. La place sera alors nette pour nous reconstruire sur des bases plus saines.

Une graine croît, donne à son tour des graines, puis meurt et le cycle recommence. Nous vivons dans une société de la «Minute-soupe» où tout est immédiat. L'évolution n'est pas quelque chose d'instantané ni un coup de baguette magique. Beaucoup de choses nous ont été garanties, maintenant, il faut nous adapter à une nouvelle réalité et prendre des mesures différentes. Et pourtant, nous continuons à nous accrocher à nos anciennes garanties qui nous sécurisaient.

Le changement, c'est apprendre à percevoir et interpréter les choses autrement, à se faire confiance, à faire confiance à notre intuition ou à notre instinct.

Reconnaître que la vie a son propre fonctionnement

Non, nous ne sommes pas tout-puissants. S'il y a bien une chose que l'on ne peut contrôler, c'est la vie elle-même. Elle a son propre mode de fonctionnement. En revanche, nous avons le choix de nos différentes interprétations et actions sur les événements qu'elle met sur notre route.

Dans cette partie, j'ai eu envie de vous faire partager les nouvelles approches de la vie qui m'ont particulièrement aidée dans mon propre processus de guérison.

Je propose de découvrir comment nous pouvons :

- *changer notre perception de nous-même ;*
- *développer des attitudes saines et positives envers les autres et envers la vie ;*
- *trouver la voie vers notre propre réalisation personnelle.*

Comment nous percevoir autrement ?

Nous sommes une personne
unique et formidable !

C'est vrai ! Il n'y a nulle part ailleurs une personne identique à nous. Pourquoi formidable ? Parce que nous avons en nous l'amour, la sagesse, la paix, l'abondance, les talents, la créativité, les possibilités. Parce que nous avons déjà toutes ces ressources en nous et qu'elles ne demandent qu'à être dévoilées ! Pour cela, il est important de pouvoir nous déconditionner de tout ce que l'on nous a inculqué de réducteur et de destructeur et de nous défaire des fausses définitions que l'on nous a collées. Nous ne sommes pas les critiques et les jugements des autres, nous sommes bien autre chose. Nous sommes une personne d'amour, digne d'aimer et d'être aimée pour ce qu'elle est.

J'aime tout particulièrement cette phrase que je partage avec vous : **La plus belle histoire d'amour est celle que l'on vit d'abord avec soi-même.**

La seule personne qui
nous oblige à faire des choses
que nous n'aimons pas,
c'est NOUS !

Probablement par manque de confiance en nous et par le peu d'estime que nous nous accordons. Nous sommes en mesure d'y remédier en changeant notre perception de nous-même !

Devenons conscients de nos croyances négatives et destructrices. Quand quelque chose est périmé, nous le jetons à la poubelle. C'est la même chose pour ces croyances.

Nous pouvons apprendre à nous reconstruire en créant nos propres formules et conditionnements dynamisants.

Nous sommes créateurs
de notre réalité

Un grand nombre de choses qui nous arrivent est la conséquence de nos pensées. **Ce que nous pensons crée notre réalité. Nous attirons ce en quoi nous croyons.** Si nous pensons : « Impossible, limité, je ne peux pas, je suis incapable, je n'y arriverai pas, je ne suis pas bon », nous aurons une vie morne, terne, insatisfaisante. Nous serons malheureux, gémissants, négatifs, victimes, malades. Nous donnons notre pouvoir de décision aux éléments extérieurs. Nous nous refusons ce pouvoir.

Si nous pensons : « Les bonnes choses sont pour moi, je les mérite, je peux, je choisis... », nous aurons une vie différente car en accord avec nos nouvelles croyances. C'est la loi de l'attraction dont je parlerai plus loin. Nous nous donnons les moyens d'être heureux, pleins de foi, optimistes, en bonne santé, toujours prêts à de nouvelles découvertes, car notre disposition d'esprit les attirera à nous comme un aimant !

Dans un cas, nous subissons,
nous nous positionnons en « victime ».
Dans l'autre, nous AGISSONS en prenant
les commandes de notre vie.

Notre vie est le REFLET de nos pensées.
Notre façon de penser,
c'est la cage qui nous emprisonne
ou la liberté de faire de notre vie
une aventure passionnante !

Le pouvoir du « J'en ai assez ! »

Le « J'en ai assez » possède un formidable pouvoir de renouveau et de renaissance. Nous venons de comprendre qu'il existe certainement une autre et bien meilleure façon de vivre que celle que nous vivons ou plutôt subissons.

C'est le moment du « réveil », de la prise de conscience que nous sommes seuls à pouvoir remédier à l'état de dégradation et d'incompatibilité de notre vie avec celle que nous espérions. C'est au moment où nous nous disons : « J'en ai assez de cette situation, de cette relation… » que nous mettons en route le processus de remise en question, de voyage intérieur, de prise de conscience et de contact avec ces parties et ces aspects inconnus de nous-même.

Apprendre à connaître l'inconnu que nous sommes

Apprenons à connaître cet individu (nous-même) avec lequel nous entretenons des relations ennemies et conflictuelles. Apprenons à découvrir qui se cache derrière tous ces conditionnements et ces attitudes qui ne nous correspondent pas. Combien de fois faisons-nous des choses qui, nous le savons, ne sont pas bonnes pour nous ? Pourquoi nous faisons-nous autant de mal ? Pourquoi nous traitons-nous aussi durement ? Pourquoi sommes-nous si sévères avec nous-même ?

Et si le fait d'apprendre à nous connaître nous permettait de découvrir l'extraordinaire personne que nous sommes au fond de nous quand nous ne portons plus tous ces masques, quand nous ne jouons plus tous ces rôles qui ne sont pas nous. Nous sommes une personne digne d'intérêt et digne d'amour.

Nous sommes quelqu'un de pétillant, de drôle, de vivant, de dynamique, de créatif ! Nous sommes quelqu'un d'extraordinaire ! Traitons-nous comme notre meilleur ami. Dirions-nous et ferions-nous subir à notre meilleur ami toutes les horreurs que nous nous infligeons ? Non, bien sûr ! Alors si nous commencions à nous aimer un peu…

Apprendre à nous aimer
surtout dans nos moments
d'impuissance

Quelles sont les choses que nous pouvons commencer à faire :

- Apprenons à ne plus nous haïr, nous détruire, nous maltraiter, nous empoisonner le corps et l'esprit par des substances (médicaments, alcool, drogues, cigarettes) ou des comportements toxiques : toutes les sortes de dépendances…
- Apprenons à ne plus nous critiquer ni nous juger comme nous le faisons.

- Acceptons-nous tels que nous sommes avec nos limites, nos incapacités, nos défauts ou ce que nous croyons être nos défauts.
- Apprenons à nous aimer maintenant et du mieux que nous le pouvons.
- Apprenons à ne plus nous faire mal avec toutes ces pensées malsaines.
- Observons-nous et devenons conscients de la façon dont nous pensons et fonctionnons. Cela nous aidera grandement.

Soyons doux, gentils et patients avec nous-même surtout quand nous sommes en train d'apprendre de nouvelles façons de penser. Nous sommes en train de découvrir de nouvelles manières de répondre à nos besoins. Apprenons à nous accueillir et à nous parler avec tendresse et affection. Apprenons à nous traiter avec bonté et compassion. Devenons attentionnés envers nous-même. Essayons de nous pardonner avec amour nos anciens schémas de comportements et de traitements négatifs.

Traitons-nous comme notre meilleur soutien. Trouvons des moyens pour nous aider et nous approuver. Faisons la liste de toutes les choses que nous avons créées, dépassées, accomplies, fait marcher, réalisées et ce dans tous les domaines. Nous avons fait tout cela ! Soyons fiers de nous !

Nous autoriser à nous accepter tels que nous sommes

Nombreux sont ceux et celles qui m'ont demandé ce que le fait de s'accepter voulait dire concrètement. Je pense qu'il s'agit d'adopter une attitude d'amour sans condition et de compassion vis-à-vis de la personne que l'on est. Nous ne sommes que des êtres humains imparfaits.

Surtout dans les cas où:

- Nous ne nous supportons pas.
- Nous nous haïssons de ne pas être la personne que nous voudrions être.
- Notre image ne correspond pas à notre attente ou celle des autres.
- Nous ne nous comprenons pas.
- Nous nous sentons limités.
- Nous sommes faibles, fragiles et vulnérables.
- Nous faisons l'inverse de ce que nous aimerions faire juste pour plaire aux autres.

Et si nous décidions de nous gâter un peu et de nous offrir ce magnifique cadeau d'acceptation et d'amour en disant à notre enfant intérieur:

- **«Je t'aime de façon inconditionnelle tel que tu es.»**
- **«Je t'aime et je t'accepte tel que tu es.»**
- **«Tu es pour moi quelqu'un de spécial que j'apprends à aimer sans condition.»**

- **« Quoi que tu fasses, je te soutiendrai et tu peux toujours compter sur moi. »**
- **« Rappelle-toi que je t'aime et que plus jamais tu ne seras seul. »**
- **« Tu n'as rien à me prouver, je t'aime tel que tu es. »**

Et si nous commencions à apprendre à vivre en fonction de notre cœur, en fonction de nos intuitions, en fonction de nos besoins et de nos désirs.

Et si nous laissions l'amour de nous-même entrer dans notre vie, notre cœur, nos pensées et dans nos actes.

Et si nous décidions d'apprendre à nous connaître et à nous accepter tels que nous sommes.

Et si nous commencions à nous traiter avec tendresse, avec respect, avec chaleur, avec tolérance et avec amitié.

Et si nous commencions à penser à nous, à nos intérêts et non à ceux des autres, à notre bien-être et non à celui des autres, à nos envies et non celles des autres…

Et si nous commencions à nous privilégier.

Et si nous nous donnions le droit de voir le merveilleux, le formidable, le simple, le beau et le bon en nous ?

Chacun de nous est un artiste dans son genre doté de talents prodigieux et infinis.

Chacun de nous, à cette étape de notre vie, ignore encore son potentiel et ses possibilités créatrices.

À nous de reconnaître notre puissance intérieure et de demander à la vie de nous aider à la découvrir.

Choisir de nous
faire confiance :
écouter notre intuition,
notre cœur et notre âme

Faire ce choix implique de se simplifier la vie, **de se libérer des angoisses, des peurs qui ne sont que des illusions**. Nous avons tous en nous les solutions à nos problèmes, les réponses à nos questions. Le tout est de nous donner l'autorisation de faire confiance à notre intuition, au langage du cœur. Essayons de mettre de côté notre ego et notre orgueil. Préférons privilégier l'ouverture, la confiance, la vérité, la sincérité et l'amour. Ce sont nos forces. À nous de les découvrir et de les développer consciemment !

Tâtonner pour trouver
notre voie !

Aucun de nous n'a reçu à sa naissance de mode d'emploi concernant la bonne gestion de sa vie. Il appartient à chacun de nous de faire nos propres expériences, de tirer nos propres leçons et conclusions. À chacun de nous également de découvrir le sens de notre vie. Tâtonner revient à faire des expériences, des essais. Si cela marche, continuons de cette façon, par contre si ce n'est pas le cas, c'est qu'il est peut-être temps d'utiliser d'autres moyens ou d'autres méthodes.

Si la façon dont nous avons fonctionné jusqu'à présent ne nous a pas rendus heureux, pourquoi continuer dans cette voie ? Et si nous essayions de faire le contraire de ce que nous avons toujours fait ?

Il est vital de reconnaître que nous avons un problème

Bien souvent, nous préférons nier que nous avons un problème. Nous refusons d'admettre que nous souffrons. Nous le nions, nous le repoussons jusqu'au plus profond de nous. En refusant de l'admettre, la seule personne que nous voulons tromper, c'est nous. Nous sommes notre propre ennemi. En le niant, nous nous obligeons à dépenser une énergie folle pour nous battre contre nous-même. Par contre, en l'admettant, nous posons le problème et nous pouvons commencer à chercher des solutions.

Nous démarquer de notre ego

L'ego est cette partie de nous qui essaye, par tous les moyens, de nous saboter. Il a horreur du changement et surtout de l'engagement au bonheur.

L'ego a gardé en mémoire toutes les choses négatives nous concernant et concernant également les autres. C'est lui qui nous culpabilisera, c'est lui qui nous dénigrera, c'est lui qui nous dévalorisera. **C'est lui qui fera revenir en mémoire les souvenirs douloureux qui nous bloqueront dans nos peurs et nous empêcherons d'aller de l'avant pour faire les choses que nous sentons bonnes pour nous**.

Ne nous laissons pas déstabiliser. Préférons plutôt lui dire que désormais, nous savons que toutes ces peurs ne sont que des illusions. Maintenant, nous sommes tout à fait capables de prendre des risques et d'agir avec confiance en nos capacités.

Voyant qu'il n'a plus de pouvoir sur nous, il s'efforcera encore et encore de nous faire peur, mais ne nous embarrassons plus de ses propos. Les peurs sont là pour nous permettre de les dépasser, de nous prouver qu'à chaque fois, nous pouvons reculer nos limites. N'hésitons pas à le faire, nous verrons de beaux changements arriver dans notre vie.

Cesser enfin de jouer les rôles que l'on attend de nous ?

Si nous avons envie de nous rendre service, arrêtons de continuer à vouloir correspondre à ce que les autres attendent de nous.

Nous ne sommes plus l'enfant dont la survie dépendait entièrement des parents. Nous sommes un adulte qui peut réadapter ses comportements et corriger le tir. Ce n'est pas parce que nous avons agi d'une certaine façon pour nous protéger quand nous étions petits, qu'il nous faut continuer à adopter ces habitudes obsolètes.

Faisons-nous du bien et décidons d'être nous-mêmes. Nous ne sommes plus obligés de nous conformer à ce que notre entourage attend de nous. Nous avons le droit de vivre notre vie. Ne la gâchons pas !

Nous pouvons dire « non » et refuser d'entrer dans ce jeu, quitte à blesser les autres ou à les décevoir. Il vaut mieux nous affirmer plutôt que de nier nos besoins et la personne que nous sommes.

Il vaut mieux que nous nous sentions en accord avec nous-même, plutôt que de souffrir parce que nous aurions voulu répondre aux attentes des autres.

Donnons-nous le droit d'exister. Les changements ne peuvent venir que de nous.

Apprendre à fonctionner autrement

Apprendre à vivre autrement l'agitation qui est en nous

Peut-être avons-nous aussi été surpris par ce genre d'agitation, celle qui vient d'on ne sait où, celle qui nous fait passer pour inconstant, celle à laquelle nous réagissons toujours de façon illogique et exagérée, celle qui nous rend impatients de remplir ce vide qui est en nous et nous fait avoir des comportements qui ne nous ressemblent pas. Je pense qu'il est important d'accepter et d'apprivoiser cet aspect de nous, puisqu'il fait partie de notre personnalité.

Comment gérer notre colère ?

Qu'est-ce que la colère ? C'est une réaction naturelle et tout à fait normale de protection vis-à-vis des intrusions d'autrui dans notre espace protégé.

Le problème réside dans le fait que, dans notre enfance, il n'était pas de mise d'avoir des crises de colère. Nous avons donc conçu tout un système de refoulement pour les pallier. Au lieu de l'exprimer, nous l'avons refoulée en la tournant contre nous-mêmes. Comment réagissons-nous lorsque nous sommes en colère contre quelqu'un ? Au lieu d'affronter cette personne directement, nous allons voir quelqu'un d'autre pour dire tout ce que nous pensons de la personne qui nous a agressés.

D'autre part, nous avons toujours pensé que trouver un bouc émissaire était plus facile que reconnaître que nous étions en colère contre nous, parce que nous n'avons pas su dire « non », nous écouter et nous faire respecter. Nous n'avons pas su faire face, nous affirmer, nous positionner. Nous n'avons pas su mettre nos limites. Nous avons l'impression de nous être fait avoir, mais nous réalisons que la responsabilité n'en revient qu'à nous-mêmes. Nous préférons nous critiquer, nous juger et nous condamner.

La solution consisterait peut-être à pouvoir le dire à l'autre, à exprimer, sans l'attaquer ou le culpabiliser, ce que nous ressentons par rapport à ce qu'il nous a fait ou ce qu'il nous a dit et de nous positionner.

En n'osant pas nous exprimer face à l'autre, nous en concevons du dégoût, de la rage contre nous-même. Celle de ne pas être capable de nous assumer et de nous défendre. La conséquence directe sera de développer toute une série de malaises physiques ou de maladies (mal à dire) pour nous autopunir. Celles-ci représentent le meilleur moyen pour nous faire prendre conscience de ces attitudes et nous permettre de mettre les choses au point afin de nous libérer enfin de toutes ces tensions.

Si nous préférons, malgré tout, mettre la tête dans le sable et nous dire que « cela passera avec le temps », nous le pouvons, mais le problème n'en sera pas réglé pour autant et la vie se chargera de nous le représenter d'une façon encore plus douloureuse.

Transformer notre monologue intérieur

Avons-nous déjà pris conscience de l'importance de notre monologue intérieur. Tout ce discours que nous nous faisons. Nous y faisons inconsciemment intervenir les voix des différents personnages qui forment notre personnalité. Je ne vous citerais que les plus courants : celui qui juge et condamne, le rabat-joie, le perfectionniste, l'insatisfait, le défaitiste, l'aigri... À nous de compléter avec nos propres connaissances.

Nous remarquerons que les voix positives sont beaucoup plus discrètes sinon complètement absentes. De plus, elles se font rapidement « descendre en flèche » par les autres.

Prenons conscience de notre monologue intérieur et de ses différents personnages. Nous pourrons alors influer sur toutes leurs joutes et refuser de donner la parole aux indésirables.

Changer notre attitude vis-à-vis de nous-même

En refusant de nous critiquer, de nous dévaloriser, de nous juger et de nous culpabiliser, nous décidons de jouer un rôle actif dans notre bien-être personnel. Cela consiste essentiellement en un travail d'écoute attentive qui transforme nos anciens schémas de pensée et de fonctionnement en de nouveaux plus positifs.

Devenir pour nous le « parent aimant » que nous avons toujours rêvé d'avoir ?

Et si nous devenions pour nous-même le parent aimant, attentionné, que nous aurions toujours voulu avoir à nos côtés. « Aide-toi et le ciel t'aidera. » Si nous n'avons pu l'avoir dans notre enfance et dans notre jeunesse, pourquoi ne pas nous le donner nous-même maintenant ? On n'est jamais mieux servi que par soi-même !

Apprivoisons-nous. Aimons-nous à nouveau. Soyons notre propre guide, notre propre soutien. **Aidons notre « enfant intérieur » à trouver appui sur nous**. Aidons-le à se développer, à développer sa confiance en lui, en ses qualités, en ses talents et en ses dons. Traitons-nous avec douceur, avec respect, avec compassion, avec amour, avec tendresse. **Soyons doux et gentils avec nous-même dans notre monologue intérieur.** Parlons-lui avec notre cœur, c'est un langage qu'il ne demande qu'à entendre. Si nous pouvons l'aider à construire sa confiance en lui, nous nous serons donné un trésor merveilleux.

Écouter nos besoins, est-ce possible ?

- Nous avons besoin de dormir plus longtemps, écoutons-nous et allons nous coucher plus tôt.
- Nous avons l'impression d'être sans arrêt sollicité, disons à notre entourage que de telle heure à telle heure nous ne sommes pas disponibles.
- Nos amis nous téléphonent sans cesse pour nous raconter leurs malheurs et nous pomper de l'énergie, mettons nos limites. Laissons le répondeur prendre les messages. Nous ne sommes pas obligés d'être « SOS Écoute » si nous ne le désirons pas.
- Nous avons des personnes dans notre entourage (famille, amis, collègues...) qui nous critiquent, qui nous jugent et qui nous condamnent, rien ne nous oblige à garder le contact avec elles, pour le moment ou définitivement.
- Soyons bons avec nous-même et autorisons-nous à éloigner toutes les personnes qui ne nous font pas du bien.
- Nous n'avons pas envie de nous rendre à une soirée, pourquoi nous obliger à y aller ? Décommandons, sans chercher à tout prix à nous justifier.
- Responsabilisons les autres. Ne faisons pas tout pour eux et à leur place. Même si au début, ils râlent, ils nous en seront reconnaissants par la suite.

- Notre enfant a une chambre très désordonnée, c'est son territoire. Nous pourrions y rajouter un peu de désordre, cela le déstabilisera. Il se sentira débordé et rangera.
- Ne nous chargeons pas des problèmes d'autrui. Chacun est responsable de ce qui lui arrive et nous ne sommes pas responsables du bonheur ou des échecs des autres.

Faisons les choses, non pas parce que nous devons les faire mais parce que **nous avons envie de les faire.** Si ce n'est pas le cas, ne nous sacrifions pas, nous nous faisons du mal.

Écouter les messages de notre corps

Toutes les douleurs que nous ressentons ne sont que l'expression de nos tensions internes. Celles-ci sont le résultat de la non-adéquation entre ce que nous aimerions être ou faire et ce que nous faisons ou pas. Elles nous montrent que nous ne nous respectons et ne nous aimons pas. Elles savent qu'elles sont notre dernier recours pour nous faire comprendre que nous nous éloignons de la personne que nous sommes et de nos besoins.

Dès que nous sommes nous-mêmes ou que nous faisons des choses que nous aimons, toutes ces tensions disparaissent. L'énergie circule à nouveau librement parce que nous sommes en accord avec nous-mêmes.

La maladie et les malaises physiques : des signes pour nous aider à changer

Pourquoi notre dos nous fait-il si mal ? Que portons-nous de si lourd dans notre vie ? (De la culpabilité, une personne qui nous juge, quelqu'un que nous nous obligeons à supporter, un poste qui ne nous plaît pas ou, tout simplement, le fait que nous nous forçons à accepter des choses qui ne nous conviennent visiblement pas...)

Pourquoi avons-nous des angines, des grippes en hiver ? N'est-ce pas parce que nous sommes exténués, stressés ou parce que nous n'arrivons pas à exprimer aux autres des choses importantes pour nous ? Notre corps n'a que cette solution pour nous dire d'arrêter de courir comme un fou à l'encontre de nos intérêts et de nos besoins primordiaux. Inconsciemment, nous lui envoyons un message lui demandant de faire quelque chose pour que nous puissions nous poser ne serait-ce que quelques jours et il y répond de cette façon-là.

De nombreux auteurs ont beaucoup étudié cette corrélation entre les maladies et nos impossibilités à exprimer nos émotions, nos besoins, nos désirs ou nos peurs. Le corps ne fait que nous transmettre un message de non-adéquation et de souffrance intérieure d'origine psychologique que nous fuyons et que nous ne voulons pas reconnaître. Cette souffrance peut être de la colère, de la rage, de la frustration de se sentir mal-aimé, rejeté, nié, coupable ou inférieur, une impossibilité à se dire, à dire ce dont nous avons besoin ou ce qui nous ronge de l'intérieur.

La majeure partie des maladies a pour cause un malaise intérieur et une impossibilité à l'exprimer. À ce sujet, je vous invite à découvrir les livres de Louise Hay, Claudia Rainville, Lise Bourbeau, Christiane Beerland…

Acceptons de reconnaître

- cette douleur ;
- cette partie sombre de nous que nous rejetons depuis si longtemps ;
- que nous nous sommes menti en croyant inconsciemment ainsi nous protéger ;
- que c'est nous que nous avons inconsciemment cherché à punir et à détruire ;
- que tous nos maux physiques ne sont que le reflet de nos croyances négatives sur nous, les autres et la vie en général.

S'occuper de soi

L'erreur de bien des gens est de croire que l'autre :

- pourra les rendre heureux ;
- pourra combler leur vide affectif intérieur ou leur mal-être ;
- saura ce dont ils ont besoin ;
- les aimera comme ils aimeraient être aimés et auraient besoin de l'être.

C'est une fausse croyance. L'autre ne peut nous donner tout cela si nous ne nous l'offrons pas à nous-même d'abord. Pour découvrir ce qui nous rend heureux, posons-nous la question suivante :

« De quoi ai-je besoin pour me sentir bien ? »

Qui peut nous le donner ? Nous-même. Il s'agit là de tout un travail de transformation des perceptions qui ont fait notre vie jusqu'à présent. Pourquoi sommes-nous insatisfaits ? Pourquoi faisons-nous le contraire de ce que nous avons toujours eu envie de faire ?

Décodons notre passé. Nous y trouverons des réponses sur nos comportements d'aujourd'hui. Cette prise de conscience est le début d'un travail pour éliminer ce qui ne va plus et ce que nous voulons mettre en place pour nous sentir bien dans notre peau et dans notre tête.

Demander ce dont nous avons besoin

C'est le moment de le faire. C'est toujours le premier pas qui coûte. Maintenant, nous pouvons nous en donner le droit. Comment voulons-nous que les autres sachent ce dont nous avons envie ou besoin, si nous ne le formulons pas clairement. Un grand nombre d'entre nous sommes persuadés que les autres lisent dans nos pensées. C'est faux !

La seule solution pour nous, sera d'apprendre à communiquer, apprendre à nous exprimer sans pour autant culpabiliser ou agresser l'autre. Il en est de même pour apprendre à oser nous dire. En osant exprimer notre ressenti, nous aiderons l'autre ou les autres à comprendre qui nous sommes et comment nous fonctionnons. En apprenant à oser faire les démarches en notre faveur, nous découvrirons un nombre impressionnant de choses qui nous caractérisent et dont nous ne soupçonnions même pas l'existence.

Rassembler les morceaux éparpillés de nous-même

Suite à un passage tiré *Des moments vrais* de Barbara de Angelis[1], je me suis rendu compte que j'avais laissé de nombreux morceaux de moi et de mon amour auprès de personnes avec lesquelles je ne souhaitais plus avoir de contacts. Je sentais qu'il était important pour moi de retrouver symboliquement ces morceaux et ainsi de reconstituer mon puzzle intérieur pour me sentir à nouveau complète.

Nous pouvons utiliser la visualisation. Imaginons-nous en face de l'autre personne dans une atmosphère d'acceptation et d'amour. Restituons à cette personne les parties d'elle que nous avons gardées en disant : « Moi, Eva, je te rends à toi X, les parties de toi qui sont restées avec moi. » Faisons dire à l'autre personne la même chose. « Moi X, je te rends à toi, Eva, les parties de toi que j'ai gardées avec moi. » Accompagnons cette démarche d'un geste de la main de notre cœur vers le cœur de l'autre avec un sourire, idem pour l'autre. Ce geste symbolique de « réappropriation » visuelle nous permettra de ressentir une sensation de plénitude et de bien-être. N'hésitez pas à l'essayer. Peut-être vous aidera-t-il comme il m'a aidée.

---

[1] *Des moments vrais*, Barbara de Angelis, Marabout.

Tout doucement, morceau par morceau, nous reconstituerons peu à peu notre image intérieure. Chaque fois que j'ai réussi à ramener un fragment de moi-même, j'ai ressenti une grande joie.

Arrêter de vouloir contrôler les autres

Souvent, pour éviter de s'occuper de nous et de nos émotions, nous préférons nous mêler de la vie des autres, de leur fonctionnement, en voulant les changer à tout prix. Plus nous essayons de les changer, plus ils s'obstinent et plus nous perdons notre énergie. Nous savons que c'est « Mission impossible ! » et pourtant nous continuons. Pourquoi mettre autant de notre énergie dans le vide pour en sortir épuisé et exsangue. Ne pensons-nous pas qu'il serait plus utile d'apprendre à nous comprendre et à nous aimer plutôt que de nous énerver à vouloir que les autres correspondent à ce que nous voudrions qu'ils soient. Recentrons-nous et **travaillons à votre propre changement**. Que notre bien-être devienne notre priorité.

Et si nous ne nous mettions plus à la place de l'autre ?

Dans la dépendance affective, que j'évoque dans mon livre *Oser être soi*, on se met souvent à la place de l'autre. On souffre pour lui, tout en s'oubliant soi-même. C'est l'attitude classique de quelqu'un d'hypersensible qui n'a pas confiance en lui.

Pensons à arrêter de nous mettre à la place de l'autre et de ressentir ce que nous aurions ressenti si nous avions été lui. Nous ne pouvons occuper les deux places en même temps. Préférons nous recentrer sur notre ressenti et notre façon de délimiter nos frontières personnelles.

L'effet libérateur du pardon

Nous faisons tous des erreurs. Tout au long de notre vie, nous blessons beaucoup de personnes dans notre entourage. N'hésitons pas à reconnaître ces erreurs. Faisons taire cet orgueil qui nous fait dramatiser les faits, qui déforme notre vue et qui exacerbe nos émotions.

Reconnaître ses erreurs est une démarche difficile, mais qui a l'avantage de nous faire découvrir l'humilité et la liberté. Que de relations pourraient être améliorées si nous avions ce courage. C'est une des étapes clés de la démarche de guérison de tous les dépendants. Reconnaître que l'on s'est trompé ou que l'on a mal agi est un acte responsable particulièrement libérateur, surtout pour nous-même. Nous nous délestons de poids que nous n'avons plus besoin de porter.

Acceptons-nous tels que nous sommes. Arrêtons de vouloir être la personne que nous ne sommes pas. Nous sommes quelqu'un d'unique et de formidable. Nous le découvrons au fur et à mesure que nous retrouvons confiance en nous. Jusqu'à présent, nous avons pratiquement toujours cherché à être quelqu'un de parfait, à correspondre à ce que les autres attendaient de nous et voulaient que nous soyons. Pardonnons-nous de ne pas nous accepter tel que nous sommes. Pardonnons-nous de toujours essayer d'être quelqu'un d'autre et de ne pas y arriver. Pardonnons-nous de nous faire autant de mal !

Nous accepter tel que nous sommes, c'est nous donner le droit d'être qui nous sommes. C'est l'admettre dans l'amour et le respect de nous-même. C'est revenir à la personne sans masques que nous étions prêts à devenir si on nous en avait laissé la possibilité. C'est nous autoriser enfin à être, à nous accepter dans la réalité, sans les illusions. **En acceptant de regarder droit dans les yeux ces faces cachées ou sombres de nous-même (celles que nous reprochons à l'autre), nous faisons le pas pour les accepter en tant que partie intégrante de nous.**

Nous pardonner et pardonner aux autres c'est :

- préférer nous libérer des chaînes du passé ;
- faire le choix de notre propre liberté.

Il faut savoir que ce sont l'ego et l'orgueil qui alimentent notre colère, notre ressentiment, notre rancune ou notre rancœur. Ce sont eux qui nous enferment dans cette prison de souffrance. Quand nous pardonnons, nous sommes prêts à renoncer à la rancune vis-à-vis de l'autre. Pardonner est une décision qui se vit de l'intérieur. Contrairement à ce que l'on croit, **ce n'est pas l'autre que nous libérons par le pardon, mais nous-même. Le pardon est notre passeport pour nous libérer des blessures réelles ou imaginaires du passé.**

Nous pouvons nous aider dans cette démarche en utilisant ce type de phrases :

- Je te pardonne totalement et complètement pour tout le mal que je crois que tu m'as fait par le passé…
- Je te pardonne de m'avoir blessé…
- Je pardonne inconditionnellement à la vie de m'avoir fait vivre…
- Je me pardonne d'avoir voulu être différent, de m'être autosaboté, de m'être maltraité…
- Je me pardonne de ne pas m'aimer, d'être dur avec moi-même…

À nous d'adapter et de trouver nos propres formules.

Faire le contraire de ce que nous avons toujours fait ?

Cela peut paraître simpliste, mais voyons la question de plus près. Jusqu'à présent, nous avons toujours agi d'une certaine façon, toujours la même, face à certaines personnes ou situations. Essayons d'adopter une autre démarche que celle que nous avons pratiquée jusqu'à présent puisque, apparemment, celle-ci ne nous a pas rendus heureux ! Donnons-nous les moyens de nous rendre heureux ! Les résultats positifs ne se feront pas attendre, nous en serons surpris et nous nous demanderons pourquoi nous n'y avons pas pensé plus tôt !

Prenons un exemple : Imaginons que nous sommes une femme au foyer qui n'arrête pas de râler parce que son mari rentre systématiquement de plus en plus tard du bureau. Organisons-nous de façon à n'être pas là quand notre mari rentrera. Ne préparons pas le dîner et sortons chez une amie, au cinéma, au restaurant, au théâtre. Ne laissons pas de petit mot. Répétons cela plusieurs fois, notre mari sera intrigué, il se posera des questions et préférera rentrer plus tôt. Il s'intéressera de nouveau à nous, à ce que nous faisons, à ce que nous aimons. Nous avons toutes les chances pour que la communication se rétablisse[2].

---

[2] *Petit manifeste du plaisir au féminin*, Eva Arkady, Éditions Jouvence. Un petit livre pratique, qui vous permettra de retomber amoureux de votre partenaire ; à lire en solo et à partager en duo. Cf. bibliographie.

Créer nos propres convictions

Ce n'est pas parce que l'on nous dit que c'est ainsi que les choses doivent être, que nous devons les accepter comme telles. N'acceptons rien comme « argent comptant » avant de l'avoir expérimenté et en avoir tiré nos propres conclusions. Faisons nos propres expériences. Tirons nos propres idées de ce que nous vivons. À nous de trouver notre chemin. Ce qui est bon pour l'un n'est pas forcément bon pour l'autre !

Faire des essais, c'est vivre !

Essayons tout ce qui nous fait envie ! Touchons à tout ! Procédons par élimination ! Nous avons envie de nous essayer à la guitare ? Allons-y ! Nous voulons apprendre une nouvelle langue ? Allons-y ! Nous voulons faire de l'escalade ? Faisons-le ! Si c'est bon pour nous, continuons, si non, passons à autre chose ! La vie est pleine de bonnes choses et de gens formidables ! Donnons-nous le droit de les découvrir ! Le bonheur n'est pas compliqué. Laissons-le simplement rentrer dans notre vie ! À nous de nous en donner l'autorisation !

Prendre des risques !

Nous ne pouvons apprendre des choses, faire des démarches, si nous reproduisons sans arrêt les techniques du passé qui ne nous ont pas apporté le bonheur. Pour rompre cette routine du malheur, prenons le risque de procéder autrement, de dépasser nos peurs et nos blocages. Oser être soi, c'est ne plus avoir peur d'être rejeté, d'essuyer un refus. C'est oser prendre des risques, faire ce que nous n'avons jamais osé faire.

Avec le recul, nous nous apercevrons que nous avons réalisé les bons gestes, que nous avons fait la seule chose qu'il fallait faire pour nous libérer de nos anciens blocages.

Vivre le moment présent, pour sortir de notre rôle de « victime » du passé

Jusqu'à présent nous nous sommes conformés à bien rentrer dans le moule fixé pour nous par la famille ou la société et donner une certaine image de nous-même. La remise en question nous oblige à voir la réalité en face. Nous avons entretenu des illusions, nous les avons laissées nous mener en bateau. Nous nous sommes trompés, nous nous sommes dissimulé la vérité à nos propres yeux. Nous ne savons pas qui nous sommes réellement et qui est la personne avec laquelle nous vivons 24 heures sur 24. Nous sommes un inconnu pour nous-même. Incroyable !

La plupart des gens vivent leur vie de façon machinale. Des émotions machinales, des actions et des réactions automatiques. Qu'en pensons-nous ? Et nous, comment vivons-nous notre vie ?

Devenir conscient, c'est :

- Être à l'écoute de nous-même, de ce qui se passe en nous, de nos émotions, surtout de celles que nous avons reléguées au plus profond de nous-même, celles que nous n'avons voulues ni voir ni entendre, celles sur lesquelles nous avons déversé des tonnes de béton armé pour les immobiliser et les enfouir à jamais.
- Faire preuve d'écoute consciente et attentive de notre monologue intérieur, de nos croyances négatives et autodestructrices.
- Être vigilant pour les changer en termes de confiance en nous et en nos possibilités.
- Nous donner le droit de nous accueillir avec amour dans cette étape de décodage de nos conditionnements négatifs pour les neutraliser, les rendre inoffensifs et réduire le pouvoir qu'ils ont sur nous.
- Décider de changer notre façon de penser. Nous ferons cette écoute consciente avec d'autant plus de plaisir que nous découvrirons que cela fonctionne. Donnons-nous la possibilité d'avancer millimètre par millimètre.

Viendront les centimètres, les mètres puis les kilomètres ! Acceptons notre rythme et si, pour le moment, c'est la lenteur, c'est OK. Parfois, nous préférerions aller beaucoup plus vite (c'est la tête, l'ego qui veut cela) mais le corps, lui, connaît son rythme et s'y tient pour se reconstruire. Il travaille avec la nature et non contre.

Il s'agit, en fait, de désapprendre tout ce que l'on nous a inculqué de limitatif, de restrictif et de dévalorisant sur nous et sur les autres. Nous ne sommes pas obligés de vivre dans la peau de la « victime ». Demandons à la vie de nous aider à trouver notre chemin et notre place. Et faisons confiance. Les choses arrivent, mais pas toujours au moment où nous voudrions qu'elles se produisent. Souvent, ce qui nous arrive est bien meilleur que ce à quoi nous pensions. Alors faisons confiance !

Il y a des choix que nous seuls pouvons faire :

- décider de nous libérer de nos conditionnements négatifs en apprenant à mieux nous connaître[3]
- choisir les croyances bénéfiques.

La vie est un ensemble de moments présents. Vivons-les à fond ! N'attendons pas d'être malade, de ne plus pouvoir bouger, de ne plus parler ou d'être sur notre lit de mort pour apprécier totalement chaque moment. Si nous ne pouvons être heureux « ici et maintenant », avec ce que nous avons

---

[3] *Oser être soi,* Eva Arkady, Éditions Jouvence. Cf. bibliographie.

et tels que nous sommes, nous ne serons pas plus heureux quand nous aurons obtenu ce que nous pensons vouloir, car un besoin satisfait en entraîne toujours un autre à satisfaire.

Vivons chaque minute comme si elle était la dernière. Que ferions-nous si l'on nous disait que nous mourrons dans une semaine ? Qu'aurions-nous envie de faire, de réaliser ? Faisons-le maintenant ! Essayons ! Ne serait-ce qu'une journée, vivre autrement, voir les choses d'une façon complètement différente. Essayons de voir les bons côtés, les bons aspects de ces moments-là et des gens que nous rencontrons. Essayons de vivre heureux. Apprécions le sourire d'un voisin, la joie d'un enfant. Trouvons une qualité à la personne que nous n'aimons pas.

« Jeter à la poubelle » tout ce dont nous n'avons plus besoin !

Que ce soient :

- des pensées négatives, réductrices, de la culpabilité, de l'autocritique, de la dénégation, de jugement ;
- des gens qui nous font du mal ou qui nous dévalorisent en nous critiquant. Nous pouvons vous en éloigner et comprendre en quoi leurs critiques sont un miroir des parties que nous n'acceptons pas en nous ;

- des objets ou des souvenirs du passé dont nous ne voulons plus.

Faisons le ménage. Allégeons-nous l'esprit et simplifions-nous la vie. Jetons à la poubelle ce dont nous n'avons plus besoin. Laissons la place à autre chose, à du nouveau, à du positif.

L'état d'esprit dans lequel nous sommes, attirera des personnes mal dans leur peau ou, au contraire, heureuses dont la présence nous fera du bien. Idem pour les objets. Ce que nous avons aimé à un moment de notre vie, n'est peut-être plus ce que nous aimons maintenant. Nous sommes une personne nouvelle qui se débarrasse de son ancienne peau.

Pourquoi nous encombrer de tout cet ensemble de pensées, de croyances, de choses dont nous n'avons plus besoin, qui nous encombrent et nous empêchent de vivre notre vie comme nous le souhaitons ? En décodant nos freins (croyances limitatives, culpabilisantes, dévalorisantes, critiques et définitions des autres…) nous prenons conscience de tout ce qui nous fait douter de la personne formidable et unique que nous sommes. Pourquoi traîner tout cela derrière nous comme des boulets et des chaînes ?

Faisons un bon nettoyage, comme pour une maison. Arrangeons notre intérieur comme bon nous semble. N'hésitons pas à changer l'ordre, les priorités :

- Trions les « vêtements-croyances » qui sont désormais trop petits, démodés, dont les coupes et les couleurs ne nous conviennent plus.

- Vidons nos « placards-esprit » de tout ce qui ne nous sert plus.
- Aérons, mettons de l'ordre, rafraîchissons en fonction de nos goûts et de nos couleurs.
- Réaménageons notre espace en fonction des besoins de la personne que nous sommes maintenant et non de celle que nous étions auparavant.

La vie est mouvement.
Le mouvement, c'est le changement.
Le changement, c'est s'adapter dans le respect de ses besoins et de ses désirs.

La liberté de choisir

Notre pouvoir de décision nous appartient. Ne le laissons pas à d'autres. Nous avons toujours le choix. L'indécision est également un choix puisque nous préférons nous en remettre aux autres plutôt que de prendre un risque. À nous d'en accepter alors les conséquences de façon responsable.

Nous avons tous cette magnifique liberté, celle de choisir. Et ces choix, nous pouvons désormais les faire en fonction de ce qui est bon pour nous, en fonction de ce qui nous convient et dans le respect de nos besoins et de nos désirs.

Faire le choix d'être heureux !

Être heureux, correspond à se donner le droit « d'être », de regarder autour de soi, de voir les belles choses, le positif, le bon en toute chose et en tout être. C'est être ouvert à l'intensité du moment présent et le vivre en toute conscience. C'est devenir sensible en devenant conscient. C'est faire le choix de se sentir bien. C'est s'ouvrir à la beauté de tout ce qui nous environne. C'est voir le bon dans les événements qui nous arrivent. C'est se donner une nouvelle échelle d'évaluation et de priorités dans sa perception de la vie.

Quand on a traversé la maladie, les épreuves, la souffrance, l'on n'a plus envie de perdre son temps à des choses sans importance ou de rester dans la tristesse. On a envie de vivre d'une autre façon. Ouvrez vos sens à la vie, ne traversez plus la vie de façon machinale ou mécanique. Laissez-vous aller à découvrir les sons, les odeurs, les formes, les couleurs. Laissez-vous guider par votre intuition qui vous conduira vers ce dont vous avez besoin. Donnez-vous l'autorisation de vous diriger enfin vers ce qui vous intéresse, vous. Donnez-vous le droit de vivre enfin vos centres d'intérêts, de vous occuper de ce qui vous passionne, de réaliser ce vers quoi vous mènent vos envies et vos rêves profonds.

Changer en passant à l'action

Beaucoup d'entre nous ont envie de changer leur vie, leur regard sur eux-mêmes et sur les autres, mais ils se sont arrêtés à la pensée de changer. Une démarche personnelle de remise en question est une démarche active, basée sur des actes concrets. Un investissement personnel en temps, en énergie, au point de vue financier, tout un travail d'accueil bienveillant dans l'acceptation de la personne que nous sommes.

Mais, combien sont prêts à s'investir à fond dans leur démarche ? Beaucoup préfèrent la solution de facilité, considérant qu'il est plus aisé de rester dans son rôle de « victime », où tout leur est connu, où tout est balisé depuis l'enfance, plutôt que de découvrir et d'expérimenter de nouvelles attitudes, de nouveaux comportements. Ces comportements leur sont familiers, par contre, la nouveauté fait peur.

Nous avons « tout » à gagner à sortir de cette mentalité de « victime ». « Tout » représentant la liberté d'être, de penser, d'agir en fonction de ce qui nous convient et non plus en fonction du regard et des attentes des autres. Nous pouvons devenir responsables, directeurs et acteurs volontaires de notre vie. Alors, avons-nous envie de goûter à autre chose qu'au « déjà vu » ?

Dire « un jour je serai riche » et ne rien entreprendre pour arriver à notre but, c'est vivre une illusion et être déçu par notre vie actuelle. À l'origine, nous sommes capables de

« tout ». Si nous avons une idée qui nous plaît, dépassons les peurs qui ne sont que des conditionnements inculqués et passons aux démarches concrètes. Le passage à l'acte permet de se dire qu'on est prêt à prendre des risques et à en accepter les conséquences.

Utiliser l'audace et le culot !

Nous pourrons utiliser cette nouvelle approche lorsque nous aurons dépassé les caps difficiles, que nous nous serons suffisamment guéris et reconstruits pour envisager le plaisir de bouger à nouveau avec la vie.

L'audace, c'est oser. Oser croire en soi, en ses capacités, ne plus douter. C'est foncer ! C'est pousser les portes sans la peur d'être rejeté ou de se faire dire « non ».

Le jour où nous nous ferons confiance, nous nous sentirons pousser des ailes. Nous sentirons le sens des mots : « Je peux », « Je me lance. » Les barrières des peurs seront dépassées. On nous a dit non, eh bien, ce n'est pas grave. Ce n'est pas la fin du monde. Il y aura d'autres personnes qui nous diront oui. Montrons-nous différents des autres. Nous sommes un être unique !

Attitudes vis-à-vis des autres

Nous attirons ce que nous croyons

Si nous sommes critiques envers les autres, nous serons entourés de gens négatifs et critiques. Nous les attirons comme un aimant puisque nous avons les mêmes croyances. Si nous sommes bien « dans vos baskets », nous attirerons des personnes positives, enthousiastes, croyant en leurs talents et possibilités.

Certaines personnes n'arrêtent pas d'avoir ce que l'on appelle des « tuiles ». En fait, c'est probablement parce qu'elles sont persuadées qu'elles ne valent pas grand-chose et qu'elles ne méritent pas le meilleur. Que la vie n'a, jusqu'à présent, pas été généreuse avec elles et donc qu'il n'y a pas de raisons que cela change. Leurs croyances profondes sont limitées dans le négatif. Il ne leur viendrait même pas à l'esprit que la vie pourrait leur sourire et les gâter s'ils changeaient leur façon de voir les choses. Elles s'empêchent d'ouvrir leurs horizons à des vues de « possibles ».

Elles utilisent également un monologue intérieur de jugement, terriblement culpabilisant. C'est leur façon à elles de s'autopunir ou de s'autodétruire inconsciemment parce qu'elles ne correspondent pas à l'image qu'elles se sont faite d'elles-mêmes.

Chaque personne qui se trouve sur notre route n'y est pas par hasard. Elle est notre miroir. Elle est là pour nous aider à évoluer. En général, ce que nous ne supportons pas chez l'autre, c'est bien souvent le reflet de notre propre « côté sombre » que nous ne voulons pas admettre, celui que nous n'avons jamais voulu voir en face parce que nous nous sommes bâti une image « illusion » à notre sujet et que ce « côté sombre » ne colle pas avec cette image.

Par exemple : Le fait d'avoir un patron colérique s'en prenant à nous régulièrement pourra nous faire prendre conscience de la colère sourde qui est au fond de nous et que nous n'avons jamais eu le courage de reconnaître et de nous avouer.

Un autre exemple : Nous nous considérons comme une personne bonne, généreuse, toujours souriante et altruiste. Exprimer notre colère n'est pas adéquat avec notre image. Nous croyons que si nous montrons notre vrai visage (si nous exprimons notre colère) les autres ne vont plus nous aimer.

Les relations difficiles : des cadeaux d'évolution

Elles représentent la difficulté que nous avons à vivre en harmonie avec nous-même. Elles sont l'image de notre difficulté à nous dire, à exprimer nos besoins et à fixer nos limites. Elles sont notre miroir intérieur.

Remercions ces personnes d'avoir, involontairement, contribué à nous faire vivre des choses difficiles qui nous ont placés face-à-face avec nous-même, qui nous ont obligées à reconnaître notre responsabilité. Nous avons été en colère contre ce que nous a dit ou fait l'autre, mais en fait, si nous y regardons de plus près, ce n'est pas contre l'autre que nous sommes en colère, mais contre nous-même. Parce que nous n'avons pas mis vos limites, parce que nous ne nous sommes pas respectés à nos propres yeux. Il est cependant plus facile de blâmer l'autre que de remettre en question nos anciens schémas de fonctionnement.

Au lieu de subir ces relations, nous pourrions nous en servir comme exercices pratiques pour améliorer notre estime personnelle, pour affirmer notre personnalité, pour oser redéfinir nos limites, pour demander ce dont nous avons besoin, pour apprendre à mieux communiquer, pour oser leur parler d'égal à égal.

Chaque personne est là pour nous aider à nous définir suivant nos besoins et nos désirs. Comme les autres, nous avons le droit d'être tels que nous sommes. Nous pouvons apprendre à être plus clair dans nos messages, tout en continuant d'affirmer la personne que nous sommes. Tant pis pour ceux qui ne nous acceptent pas ainsi !

Sachons aussi que, dans notre vie, nous serons mis en présence de nombreuses personnes, certaines que nous croiserons, d'autres avec lesquelles nous aurons des relations plus fortes, d'autres encore qui seront sur notre chemin juste pour nous aider ou nous faire prendre conscience de quelque chose, d'autres encore pour nous faire mûrir, etc. Cherchons à découvrir ce que cette expérience nous a chaque fois apporté.

Se donner l'autorisation d'aller vers les autres

Les autres, c'est un peu nous. Leur faire du mal, c'est nous faire du mal. Leur faire du bien, c'est nous faire du bien. Savoir que l'on a apporté un peu d'écoute, d'attention ou de chaleur humaine à quelqu'un est une satisfaction qui fait que notre journée s'en trouve tout embellie. N'hésitons pas à accorder un moment aux autres. Je sais combien cette écoute m'était précieuse lorsque j'allais mal et que j'étais désespérée.

Comment communiquer avec les autres ?

Nous créons le monde dans lequel nous vivons en envoyant aux autres des messages très précis qui leur disent comment ils doivent nous traiter. Essayons de nous écouter parler, d'écouter ce que nous disons aux autres et comment nous nous présentons. Nos messages sont explicites. Comment nous décrivons-nous ? Comment décrivons-nous les autres ? Nos phrases portent en elles la façon dont nous voulons que les autres nous traitent. En prendre conscience, nous rendra un immense service.

Apprendre à respecter l'autre

Ne cataloguons pas les autres, ne les définissons pas. Évitons les *a priori*, les préjugés, les critiques, les jugements et les condamnations. Que savons-nous de l'autre : rien ! Comment pouvons-nous critiquer quelqu'un ? Ce que nous connaissons de l'autre n'est que la partie visible de l'iceberg et que faisons-nous de tout le reste ?

L'autre est un autre nous-même, lui aussi en évolution, en apprentissage. Sachons que, chaque fois que nous critiquons ou jugeons l'autre, c'est nous-même que nous agressons. Pourquoi ? Parce que la poutre que nous voyons chez lui est la même que celle que nous ne voulons pas voir en nous. Ce que nous reprochons à l'autre, inconsciemment, est un aspect de nous que nous nions et que nous refoulons. Le courage serait qu'à chaque fois que nous avons la tentation de juger ou de critiquer quelqu'un nous nous demandions :

« Quel est l'aspect de moi que je ne supporte pas ?
Comment puis-je l'accueillir ?
Je remercie l'autre pour m'avoir permis
de repérer un aspect de moi inconnu. »

Nous pouvons adopter la démarche suivante : « Qui suis-je pour me permettre de le critiquer ? Il est ce qu'il est. Il a son histoire et son passé comme moi j'ai les miens. Il est mon égal, peu importe son grade, son niveau d'éducation, son niveau social. Je suis aussi imparfait que lui. En respectant sa dignité, je suis en mesure de respecter ma propre dignité. »

Éviter de faire à autrui ce que nous n'aimerions pas que l'on nous fasse !

À chaque fois que nous voulons faire quelque chose à quelqu'un, que nous sommes en réaction par rapport à cette personne, prenons le temps de penser si nous aimerions que l'on nous fasse la même chose. Si la réponse est non, ne le faites pas. Pensons à la loi « cause-effet ». Il vaut parfois mieux se faire du bien en pardonnant plutôt que de rentrer dans la spirale de la violence.

Soyons envers les autres
comme nous aimerions
que les autres soient avec vous !

Une nouvelle optique : celle du gagnant-gagnant !

Il existe quatre choix que nous utiliserons régulièrement dans la vie. Trois de ces schémas ne sont pas valorisants. Peut-être qu'en en prenant conscience nous pourrons adopter une meilleure formule celle du « gagnant-gagnant ».

- Gagnant-perdant : « Si je gagne, tu perds. » Il n'y a qu'un seul gagnant, au détriment de l'autre.

- Perdant-gagnant : « Je vais perdre pour que tu puisses gagner. » Pour ceux qui veulent la paix à tout prix.
- Perdant-perdant : « C'est comme ça et pas autrement. » Pour ceux qui restent crispés sur leurs positions et veulent la guerre.
- **Gagnant-gagnant** : « Ne faisons pas les choses à ton idée ou à mon idée mais faisons les choses au mieux. »

Il s'agit d'un schéma de coopération dans la confiance et l'absence de compétition. Une histoire d'alliés et non d'adversaires. Chaque partie traite d'égal à égal dans un but de développement commun.

Nous entourer de personnes positives

Pour changer notre vie, décidons, dès à présent, de nous entourer de personnes dynamiques, positives, gaies, vraies, bien dans leur peau, créatives, énergisantes qui nous encouragent, nous soutiennent, nous accompagnent. Des personnes qui nous font du bien, qui nous acceptent tels que nous sommes, qui croient en nous et en nos possibilités, qui nous motivent et qui nous apprécient pour ce que nous sommes.

Dégageons toutes celles qui nous pompent notre énergie. Nous sommes seuls responsables des choix que nous faisons. Rien ne nous oblige, sinon nous-même, à continuer de fréquenter des personnes de notre famille ou de notre entourage qui ne nous conviennent pas. Nous respecter et nous sentir bien dans nos choix est notre responsabilité. Faisons place nette autour de nous et commençons à faire des choix en notre faveur !

Oser dire « Je t'aime » à ceux et celles que nous aimons !

On ne dit jamais assez « Je t'aime » à ceux que l'on aime. Fausse pudeur, timidité, peur du rejet, peur du ridicule ? N'attendons pas des moments graves pour le faire. Disons-le plusieurs fois par jour. Montrons aux autres que nous tenons à eux, qu'ils sont importants pour nous. C'est tellement bon de l'entendre et si bon à dire ! Disons-le à notre femme, à notre mari, à nos enfants ! Disons-le à nos amis ! Exprimons-le à tous ceux et celles que nous aimons. Ce n'est pas parce que nous sommes devenus adultes que nous n'avons plus besoin d'amour, de signes d'affection et de tendresse. Nous sommes comme les enfants, nous avons autant besoin d'amour et de reconnaissance qu'eux ! Pensons-y !

Exercice : Prenons une feuille de papier et laissons-nous aller à compléter ces phrases avec notre cœur :

- Je t'aime parce que…
- J'ai du respect pour toi parce que…
- Je te demande pardon pour…

En ouvrant ainsi notre cœur à l'autre, nous lui permettons de découvrir ce que nous aimerions lui dire et que nous n'avons jamais osé dire. C'est un geste plein d'amour qui nous rendra heureux.

Nous rapprocher des autres par le toucher

Nous vivons dans une société où, de plus en plus, on évite les contacts physiques. Par pudeur, par peur, nous n'osons pas prendre les gens dans nos bras, leur prendre la main, leur faire de vrais bisous. On se contente de baisers en l'air, d'effleurements. De quoi avons-nous besoin quand nous sommes bien, mais surtout quand nous n'allons pas bien ? C'est de la présence de l'autre, de son attention, de son écoute. Ne nous sentons-nous pas pleinement acceptés quand on nous tient la main, que l'on nous câline, que l'on nous prend dans les bras ? Nous sommes comme des enfants, nous avons besoin de nous sentir acceptés de cette façon. Alors pour être touchés, commençons par donner nous-même. Cela nous reviendra !

Nous faire plaisir en nous félicitant et en félicitant les autres !

Féliciter, c'est reconnaître quelque chose de bon. C'est complimenter pour une action, des gestes, des paroles. Commençons par nous-même. Nous pouvons nous congratuler pour les actes que nous avons réalisés, des choses que nous avons accomplies. Faisons une liste de tout ce dont nous pouvons être fiers et, si nous ne les trouvons pas, nous pouvons toujours demander à notre entourage de nous aider. Félicitons notre épouse ou notre époux pour tout ce qu'elle/il fait pour nous, pour le fait de s'occuper des enfants, de la maison. Félicitons les enfants d'être comme ils sont. Félicitons nos collègues quand ils font du bon travail. Félicitons les gens autour de nous. Complimentons la fleuriste pour ses belles compositions. Remercions le boulanger pour son bon pain et ses bonnes tartes. Ne soyons pas avares de compliments sincères et de petites phrases qui éclairent toute notre journée.

Ah, le pouvoir du sourire !

Sourions pour nous, pour les autres. Laissons-nous sourire pour un rayon de soleil, pour un oiseau qui chante. Sourions à un enfant, à une personne âgée, à un voisin, à une inconnue. Éclairons notre visage quelques instants. Le sourire est communicatif. Il rend de bonne humeur. Il ajoute une petite note ensoleillée dans la journée. Il rend les gens agréables et ouverts. La tristesse est un état passager. Nous ne sommes pas la tristesse et nous pouvons changer les choses. Je vous demande juste d'essayer, pas pour moi, pas pour les autres, mais juste pour vous. Essayons d'adopter une autre démarche que celle que nous pratiquions jusqu'à présent. Tout simplement parce qu'apparemment elle ne nous rend pas heureux. Nous seuls sommes à l'origine du changement !

Remercier et dire des compliments !

Surprenons-nous en faisant des gestes d'amour pour les autres. Que c'est agréable de voir un visage s'éclairer suite à un compliment ! Je crois que c'est aussi agréable pour celui qui le dit que pour celui qui le reçoit. Imaginons ce que serait notre vie si les gens se disaient des simples termes comme « merci », « s'il vous plaît ». On se sent reconnu, valorisé et apprécié.

C'est souvent avec des détails que l'on peut changer sa vie. Alors, laissons-nous tenter par cette nouvelle approche partout, dans notre famille, à notre travail, dans nos déplacements. Donnons-nous des opportunités d'être heureux en rendant les autres heureux. Notre journée en sera illuminée. Le bonheur, c'est aussi cela !

Ah, les petits gestes et les petites attentions !

Qui parmi nous n'a jamais reçu un petit geste, une petite attention de la part de quelqu'un de son entourage ou d'un inconnu ? Repensons à la joie, au bonheur que nous avons ressenti. Recevoir une fleur, un appel, un compliment, une parole gentille, des félicitations, un sourire, un geste, une attention que c'est bon !! Si nous aimons recevoir, nous pourrions peut-être essayer de donner, comme ça, sans raison, juste parce qu'on en a envie. Le bonheur, c'est aussi simple que cela. Il suffit juste d'y penser !

Essayer de donner sans condition, juste pour le plaisir !

Ne donnons que si nous en avons envie et parce que cela vient du cœur. Longtemps, j'ai cru donner, mais en fait je donnais pour recevoir de l'amour, de l'attention, de la reconnaissance. Derrière mon don, il y avait toujours une attente de retour tellement j'avais peu confiance en moi et tellement mon vide intérieur était grand. Depuis mes profondes remises en question des conditionnements qui ont fait ma vie, j'apprends tout doucement à essayer d'aimer et de donner sans conditions. Ce n'est ni facile ni évident, mais je le fais avec les moyens conscients dont je dispose ici et maintenant. J'apprends à m'accepter imparfaite dans cette démarche.

Nous ne sommes pas obligés de subir, nous pouvons négocier !

Ce n'est pas parce que quelqu'un nous donne des ordres, des délais ou des échéances impossibles à tenir que nous devons nous y soumettre ! Nous avons une langue, servons-nous en pour expliquer la situation et mettre nos limites. L'autre est têtu, nous aussi ! Ne nous laissons pas démonter. Faisons des propositions. Soumettons d'autres formules. Notre supérieur ou notre partenaire est un humain comme nous, il ne peut nous dominer que si nous voulons bien lui donner ce pouvoir.

Traitons d'égal à égal avec les autres. Quelqu'un nous propose un petit salaire pour ce que nous offrons. Si nous trouvons que notre travail vaut plus, n'hésitons pas à aller ailleurs, là où nos talents sont reconnus à leur juste valeur. Ce n'est pas parce qu'on ne nous donne pas ce que nous souhaitons que nous devons nous arrêter là. Allons ailleurs. Ayons confiance en nous et en la vie.

Créer notre propre groupe de parole !

Un groupe de soutien est un groupe de parole et de rencontre pour les personnes qui vivent la même chose que nous. On s'y retrouve pour parler de soi, de ce que l'on vit, de nos difficultés de vivre avec nous-mêmes, avec les autres, de nos blocages, de nos souffrances. C'est un endroit où l'on peut parler de soi et de ce que l'on vit en toute sécurité, en sachant que l'on y sera entendu et écouté sans jugements ni critiques.

Pour constituer notre propre groupe de soutien, référons-nous au livre de Robin Norwood[1].

[1] *Ces femmes qui aiment trop*, Robin Norwood, J'ai lu.

Attitudes vis-à-vis de la vie

Dans la vie, nous avons un certain nombre de repères qui sont là pour nous aider à trouver notre chemin. En voici quelques-uns.

Nos repères

Notre intuition

Suivons notre intuition. Elle seule sait ce qui est bon pour nous. C'est elle notre boussole. J'aime à croire que c'est la réminiscence du film que nous avons vu de notre vie en tant qu'âme avant de nous incarner en la personne que nous sommes. Ayant déjà vu notre vie, elle sait ce qui nous convient. Au bout du compte, c'est quand même nous qui faisons le choix final. Ne pas écouter notre intuition nous fait commettre des erreurs. En nous fiant à elle, nous sommes sûrs de nous respecter.

Comment reconnaître son langage ? Si nous avons un choix à faire et que nous sommes indécis, disons :

- « Je me sens bien avec le choix A »,
- « Je me sens bien avec le choix B »,

et observons nos réactions. Si nous ressentons de l'enthousiasme, du plaisir ou de l'énergie, si notre visage s'éclaire d'un sourire. C'est que c'est le bon choix.

Si nous sommes envahis par le doute, nous sommes incertains, nous donnons des réponses rationnelles ou logiques, nous utilisons les termes de « Je dois » ou « Il faut », si notre visage est triste ou fait la moue, c'est que cela ne nous convient pas.

Ne cherchons pas à être logiques ou rationnels. Les choix de l'intuition, les bons pour nous, vont souvent nous faire faire des choses qui sont le contraire de la logique et du rationnel. Notre intuition nous mènera à faire des choix en notre faveur, pour notre bien, pour notre épanouissement. L'écouter nous aidera à mener notre vie en accord et en respect des besoins et des désirs de la personne que nous sommes.

N'écoutons pas les personnes négatives que nous dérangeons par notre changement d'attitude, parce que nous commençons à nous sentir bien dans notre peau. Nous les déstabilisons, elles n'aiment pas le changement. Notre intuition nous aidera à faire les choix de notre.

Croyons en nous, en nos possibilités. C'est notre vie, rendons-la spéciale ! Laissons-nous guider par notre intuition, nous ne serons pas déçus !

Le hasard, les coïncidences

Nous sommes toujours surpris par la synchronisation et la justesse de ces coïncidences. Tous ceux qui sont sur le chemin de la connaissance de soi et du développement personnel, savent qu'il n'y a pas de hasard. Ce qu'on appelle « hasard, coïncidences » sont des personnes, des événements, des paroles, des messages, des signes qui sont mis sur notre chemin pour nous confirmer que nous sommes sur la bonne voie. À nous de les déchiffrer. Ils sont des clins d'œil du destin pour nous faire croire que le bonheur n'est pas compliqué et que, pour nous aussi, la vie peut être heureuse et agréable.

La loi cause-effet

Ce que nous envoyons dans la vie nous reviendra à un moment ou à un autre, souvent même décuplé. C'est l'effet « boomerang » ou l'effet « écho ». Cela marche pour le positif comme pour le négatif. Nous envoyons du bien, il nous revient amplifié sous une forme ou une autre. Même chose pour le mal, l'amour ou la haine. Le même phénomène se rencontre pour les croyances de manque ou de prospérité concernant l'argent.

Les pertes : des occasions de grandir

Durant toute notre vie, nous allons faire face à un grand nombre de pertes plus ou moins importantes pour nous : des personnes qui nous sont chères, des relations, un emploi qui nous assurait la sécurité financière, un divorce, une faillite, des endroits que l'on a aimés (déménagements), la santé ou une partie de notre corps. Certains événements vont nous déstabiliser et nous rendre vulnérables.

Ne refoulons pas ce que nous ressentons, au contraire, laissons-nous aller à ressentir cette souffrance. Accueillons-la. Les larmes sont là pour nous aider à donner libre cours à notre peine, à notre tristesse, à notre colère ou à notre rage. Laissons couler les nôtres. Le deuil fait partie de la vie.

Joignons-nous à un groupe de soutien rassemblant des personnes qui ont vécu la même chose que nous. Nous retrouver avec des personnes qui vivent la même chose que nous, partager avec elles nos émotions est d'un grand réconfort.

Perdre son travail, peut nous paraître la pire des choses ; nous la vivons comme une sanction, une injustice, mais nous pouvons aussi considérer cela comme une nouvelle occasion de reconstruire quelque chose en fonction de nous, de nos besoins et de nos désirs. Combien de personnes ont reconnu par la suite qu'avant d'être licenciées, elles n'aimaient plus leur travail et que, quelque part, la vie avait entendu et répondu à leur souhait de changement.

Elles ont dû traverser des caps difficiles: ceux du doute, de la colère, du manque de confiance en elles, en leurs possibilités, ceux de la remise en question totale d'elles-mêmes, de leur vie professionnelle, familiale, sociale. Elles ont été confrontées à la panique, à l'angoisse, à des situations familiales et financières allant en se détériorant. Il y a celles qui se sont laissées couler et il y a celles qui ont décidé d'utiliser ce qui leur arrivait pour comprendre ce qu'elles voulaient et ce qu'elles étaient prêtes à faire pour changer les choses.

Cela peut être une période de remise en question de nos priorités. Nous pouvons l'envisager comme une nouvelle chance de refaire notre vie sur de nouvelles bases, de nouveaux critères, les nôtres. Essayons toujours de tirer des leçons positives du passé et de voir ce que cela nous a apporté.

Si nous vivons des événements très durs en ce moment, les questions suivantes peuvent nous aider à y voir plus clair:

- Qu'est-ce que cet événement cherche à me dire?
- Quelle est la leçon que je peux en tirer? Qu'ai-je à comprendre?
- Qu'est-ce que je peux transformer pour sortir de mon rôle de victime et laisser la vie me guider?

Comment être sûrs que nous sommes sur la bonne voie ?

Cela peut se caractériser par une sensation de liberté et de bien-être. Nous sommes heureux des petites choses qui nous arrivent, des progrès que nous faisons. Tout n'est plus aussi noir et aussi lourd qu'avant. Le ciel semble se dégager, nous commençons à croire en de nouvelles possibilités. C'est encore un peu diffus, mais nous sentons que nous pouvons changer et que notre vie peut s'améliorer si nous nous en donnons les moyens.

Nous commençons à comprendre que nous pouvons effectivement influencer notre vie dans un sens plus positif. Nous commençons à découvrir des facettes de nous-même que nous ne soupçonnions même pas et qui nous plaisent. Nous commençons, tout doucement, à découvrir cette personne qui se dissimulait sous ces couches de béton, sous ces masques. C'est un peu comme si nous essayions d'apprivoiser un animal sauvage. C'est long. Il faut beaucoup de patience et d'amour. Cette personne que nous découvrons commence à nous plaire. Encore très fragile et vulnérable, elle se dévoile à nous lentement, timidement.

Lorsque nous sommes en accord avec nous-même, avec nos émotions, notre mental et notre corps, tout semble plus facile. Nous sentons en nous une force nouvelle très positive et très dynamisante.

Nous allons nous lancer dans de nombreuses expériences pour trouver ce que la vraie personne que nous sommes aime et ce qu'elle n'aime pas. Ce qui la rend heureuse, ce qui la motive, ce qui la fait dépasser ses anciens schémas de pensée et de comportement.

Se libérer des conditionnements négatifs pour vivre pleinement notre vie ?

Nous pouvons lire des ouvrages, participer à des conférences, être attentifs à ce que nous sentons, éprouvons et vivons, découvrir les expériences des autres, voir un psy qui nous aidera à rentrer en contact avec nous-même, avec nos émotions, expérimenter les groupes de parole qui nous permettront de partager en toute sécurité et confiance notre ressenti et notre vécu. En identifiant nos croyances négatives, nous avons la possibilité de les cerner. En prenant conscience de l'impact qu'elles ont, nous pourrons les transformer en croyances dynamisantes et motivantes.

Exemple : Prenons une feuille de papier et notons les croyances négatives :

- à notre sujet ;
- au sujet de notre travail ;
- sur la conception que nous avons de l'amour et du couple ;
- sur les autres ;
- sur la prospérité et l'abondance ;
- et dans tous les autres domaines qui nous sont chers.

« Je n'arriverai jamais à rien » est un conditionnement. Quelqu'un ou plusieurs personnes dans notre entourage nous ont dit que nous étions « nuls » et que nous n'avions aucune chance de réussir dans la vie. Nous avons pris leurs définitions à notre compte. Nous nous sommes laissé définir par les autres et nous avons pris leurs paroles pour une vérité. Réalisons-nous que, durant toute notre vie, nous avons laissé les autres nous définir, nous mettre dans des petites cases et que nous avons adopté ce qu'ils disaient comme étant la vérité ?

Maintenant que nous en avons pris conscience, notre travail consistera, à chaque fois que cette phrase nous arrivera en tête, à dire : « Stop, c'est la définition des autres. Ma définition est : J'ai envie de développer mes capacités créatives. Je me donne le temps de les découvrir et de les essayer. Je ne suis pas pressé. Je le fais à mon rythme. Je suis heureux d'essayer. »

Envisager notre vie comme une aventure pleine de surprises

Vivons-la « ici et maintenant », c'est-à-dire dans l'instant. Ne pensons pas à ce que nous devons faire plus tard ou à ce que nous avons oublié de faire. Ne pensons plus à l'avenir, ne pensons plus au passé. Vivons l'instant ! Tout peut arriver ! Pensons que le meilleur peut nous arriver et nous l'attirerons ! Arrêtons de toujours penser au pire et aux catastrophes. Ce n'est pas parce cela allait mal dans le passé que nous ne pouvons pas changer les choses et les voir autrement maintenant !

À tout moment, nous avons la possibilité de choisir de croire en des bonnes choses pour nous ! Nous pouvons rendre notre vie formidable à partir du moment où nous serons vrais avec nous-même, nos besoins, nos désirs, nos rêves, nos envies et avec les autres. Demandons à la vie, à nos anges gardiens de nous aider à nous accomplir ! Demandons-leur de nous donner des signes que nous comprendrons !

Chaque difficulté est là pour nous aider à évoluer !

Quoi qu'il nous arrive, disons-nous que c'est là pour nous aider à évoluer et à dépasser nos blocages et nos conditionnements du passé. Posons-nous les questions suivantes :

- Pourquoi est-ce que je le prends ainsi ? Qu'est-ce que cela réveille en moi ?
- N'y a-t-il pas une autre façon positive et constructive de voir ce qu'il m'arrive ?
- Comment puis-je vivre cela au mieux pour moi ?
- Qu'est-ce que cela veut m'apprendre ? Quel est le message que j'ai à comprendre ?

Nous verrons, avec le recul, que nous avions besoin de cette expérience pour prendre conscience d'un aspect de notre personnalité que nous ne voulions pas accepter.

Relativisons !

Quel est notre plus gros problème : c'est de dramatiser ce qui nous arrive. Un rien peut prendre une ampleur disproportionnée. Calmons-nous. Les problèmes n'ont que l'importance qu'on leur donne. Le problème est un fait, c'est notre interprétation dans un sens ou dans l'autre qui fait toute la différence. **Essayons de ne pas nous laisser emporter par nos émotions.** Relativisons nos réactions.

Pourquoi ne pas essayer, dans nos prochaines expériences, d'adopter cette nouvelle démarche ? Elle a un formidable pouvoir, celui de relativiser, de dédramatiser et d'apaiser les choses. Nous découvrons avec surprise **qu'il y a d'autres approches des événements que celles que nous utilisions auparavant**. Négatives, elles nous faisaient beaucoup de mal et nous pompaient beaucoup d'énergie. Cette nouvelle approche est devenue pour moi un excellent outil de travail sur moi-même. Et si elle s'avérait également bonne pour vous ? Essayez !

Opter pour le lâcher-prise

Plus nous pensons à un problème, plus nous luttons contre lui, et plus nous lui donnons de pouvoir.

Lâcher prise, **c'est accepter que, pour le moment, nous ne sommes pas en mesure de le résoudre**. Nous n'en avons pas les moyens. **Plus nous nous détacherons, plus nous accepterons que nous ne puissions rien faire, plus nous recevrons des petits signes qui nous aideront à comprendre le message. La solution nous apparaîtra avec le temps.**

Laissons-nous du temps. Les décisions « à la va-vite » sont mauvaises. Si nous sentons un doute, c'est que notre intuition est peut-être en train de nous dire que nous ne sommes pas sur le bon chemin. Prenons un délai de réflexion et décentrons-nous de ce problème. Lâchons prise, laissons passer du temps, la solution viendra tout naturellement.

Se simplifier la vie !

Cette phrase peut devenir notre leitmotiv. Quoi que nous entamions, quelles que soient les décisions que nous allons prendre, posons-nous cette simple question :

« Est-ce que ça va me simplifier la vie ou me la compliquer ? »

J'ai remarqué le nombre impressionnant de complications que chacun de nous se crée. En nous simplifiant la vie, nous nous donnons la possibilité de la vivre de façon saine et harmonieuse en faisant des choix clairs en fonction de nos désirs et de nos besoins réels.

Profiter de chaque instant de notre vie !

N'en perdons pas un seul instant. Cette vie nous a été offerte comme un cadeau. Sachons l'apprécier. De combien de temps disposons-nous ? Ne dramatisons pas nos épreuves. Remettons-les dans le bon sens. Ne nous laissons pas emporter par la plus forte de nos émotions. Arrêtons-nous pour évaluer le pour et le contre. **Essayons de le faire comme si nous nous observions de l'extérieur, sans émotion, sans nous impliquer.** Laissons-nous du temps.

N'attendons pas un choc, un accident, la mort pour nous rendre compte que chaque moment est précieux ! Donnons-nous l'autorisation de vivre, d'être la personne que nous nous sentons être, même si cela déplaît aux autres ! Donnons-nous l'autorisation de faire tout ce qui nous apporte du bonheur : planter des fleurs ou des arbres, bricoler, nous promener, écrire, dessiner, chanter et, s'ils l'acceptent mal, tant pis pour eux. C'est leur problème ! Si nous avons envie de serrer la personne que nous aimons sur notre cœur, si nous avons envie de l'embrasser dans la rue, faisons-le et peu importe ce que les autres en pensent !

Au lieu de passer en revue ce que nous n'avons pas, voyons plutôt ce que nous avons !

À force de ne penser qu'à tout ce qui nous fait défaut, nous créons un état de manque. Notre vide intérieur n'en est que plus grand. Nous sommes tristes, en colère, frustrés et mécontents !

Nous avons la chance de pouvoir penser, bouger, parler, communiquer, sourire et rire, alors que d'autres ne le peuvent plus, parce qu'ils sont malades ou accidentés.

Relativisons notre cas. Nous avons tous les éléments et toutes les solutions en nous pour nous sortir de ce que nous n'aimons pas ou plus. Rien n'est définitif. Il y a toujours des solutions, des portes qui ne demandent qu'à être ouvertes ! Pourquoi nous attarder sur le côté négatif. Nous aimons parfois, inconsciemment, nous complaire dans cette situation de victime. Pourtant, nous avons déjà accompli de nombreux pas ! Regardons d'où nous venons ! Ne croyons-nous pas qu'il y a déjà énormément de raisons pour être fiers de nous, de ce que nous avons déjà réalisé ? Haut les cœurs ! Donnons-nous du temps ! Choisissons de laisser ce qui est négatif et commençons à privilégier le côté positif. Je vous garantis de beaux changements dans votre vie !

Remercier la vie pour tout ce qu'elle nous apporte !

En me réveillant et en m'endormant, je remercie la vie/Dieu/mes anges gardiens pour leur générosité, pour les signes, pour les personnes rencontrées sur ma route, pour les prises de conscience, pour les événements qui m'arrivent. Parfois je me révolte, je n'en peux plus, je vis de la colère, de la peur. Je ne comprends pas toujours les épreuves que je traverse, mais je me dis qu'il y a un sens à tout cela et que ces épreuves sont là pour me faire évoluer et me faire arriver à l'amour inconditionnel de moi-même et de mon prochain. Ce n'est pas une démarche facile, surtout pendant les épreuves, mais il est certain que je suis protégée et quelqu'un veille sur moi, me guide sur le chemin de la vie.

Éviter de forcer les choses !

Peut-être, nous aussi, avons-nous voulu aller trop vite et la seule orientation possible était, pour nous, celle que nous avons choisie. Et pourtant, rien n'a marché comme nous l'avions souhaité. Longtemps, nous avons eu l'impression de nous cogner à chaque fois contre des murs. Nous avions pourtant la sensation que c'était ainsi que les choses devaient se dérouler. Nous sommes-nous demandé pourquoi cela ne marchait pas ?

Comme vous, j'ai eu ces moments de doute, de désespérance, où je me sentais seule et abandonnée lors de ces épreuves. Je n'avais aucune indication sur la voie à suivre. Je ne comprenais pas. J'étais déboussolée. J'ai mis beaucoup de temps à accepter les épreuves que la vie mettait sur mon chemin. J'ai « ramé ». J'ai râlé. J'ai souvent été une tête de mule qui continuait à foncer droit dans le mur, croyant à chaque fois que le mur céderait. Et vous savez quoi ? Il n'a pas cédé.

J'ai ainsi appris qu'il y a un temps pour tout, la vie ayant son propre agenda pour nous. Il ne sert à rien de forcer les choses quand ce n'est pas le bon moment. Préférons alors accompagner le mouvement en nous abandonnant à son cours et en nous laissant porter, sans plus chercher à vouloir quoi que ce soit.

Adopter une conduite responsable envers les ressources de notre Terre

Je voulais aborder dans ce livre un sujet qui me tient à cœur : notre responsabilité vis-à-vis de la Terre qui nous porte. Notre Terre est magnifique et tellement exceptionnelle ! Ces dernières années, l'homme, dans sa poursuite du « profit à tout prix », a intensifié son exploitation et la destruction de nombreux biotopes. Qu'on le veuille ou non, notre avenir et notre bien-être sont étroitement liés à la santé de la Terre. N'agissons pas comme si tout était à notre disposition et que nous pouvions détruire tout ce qui nous passe entre les mains. Apprenons à agir en tant qu'êtres responsables, à notre niveau individuel, en transformant nos comportements et nos actions dès maintenant.

Apprendre à vivre de façon consciente les gestes quotidiens de notre vie !

Chacun de nous peut agir, de façon consciente, dans tous les gestes de la vie quotidienne. Prenons quelques exemples concernant le gaspillage de l'eau : réduisons le débit des robinets, préférons un gobelet pour nous laver les dents ou une douche plutôt qu'un bain ; pour le lavage de la voiture, prenons un seau plutôt que le jet d'eau.

Éteignons les lumières quand nous sortons d'une pièce, réduisons le chauffage d'un ou deux degrés et mettons un pull. Isolons notre maison. Prenons les transports en commun… Les idées ne manquent pas et cela nous fera également faire des économies. Chacun de nos gestes, multipliés par des millions de personnes, a un impact sur la planète. Alors, si on changeait ?

La voie vers notre réalisation personnelle

Comme tant d'autres, nous aussi nous pouvons nous accomplir, nous épanouir dans une activité qui nous passionne ! Comme vous, moi aussi, je suis en recherche de ma voie et de ma place dans ce monde.

Croyons en notre bonne étoile, en nos talents et en nos possibilités !

Croyons en nous et en la vie !

Nous sommes une personne unique et formidable !

Donnons-nous du temps !

La loi d'attraction et le lâcher-prise

Lorsque je manquais de confiance en moi, tout me paraissait difficile. Les portes semblaient irrémédiablement bloquées. J'avais beau les pousser, je me heurtais à un mur. Je m'étais enfermée dans un système de croyances réductrices et limitatives qui m'empêchaient de faire confiance à la vie. J'ai cumulé les séries noires, la frustration, la colère, la sensation d'être abandonnée. Qu'est-ce qui n'allait pas en moi ? Qu'est-ce que je faisais « mal » pour que rien ne marche comme je l'aurais souhaité ? Quel était mon problème ? Les autres, eux, sont heureux, ils ont réussi. Pourquoi cela ne marche-il pas pour moi ?

Pensons à la loi d'attraction. Nos pensées attirent à nous ce que nous croyons, ce qui est notre vérité. Ceux qui réussissent sont ceux qui se fixent un objectif et qui s'y tiennent quelles que soient les épreuves. Ils croient au succès de leur projet. Le doute n'a pas sa place dans leur esprit. Ils sont focalisés sur leur but. Ils sont tendus vers sa réalisation. Ils attirent dans leur vie tout ce qui les rapproche de leur but, ce qui provoque souvent les bonnes rencontres, au bon moment, au bon endroit, les enchaînements propices. Et lorsque les choses ne se mettent pas en place, ils continuent à y croire et persévèrent.

J'ai connu de nombreuses réussites pour les objectifs que je m'étais donnés. Mais j'ai eu également beaucoup d'expériences qui n'ont pas marché comme je l'aurais souhaité.

J'ai connu la frustration, la colère, la rage, l'incompréhension, la peur, l'insécurité, l'angoisse par rapport à l'avenir. J'ai vécu des hauts et des bas, des moments difficiles de doute, de remise en question, de chute, de désespoir et d'impuissance. Maintes fois je me suis effondrée, j'ai craqué, j'ai connu le désespoir, car je n'avais plus de signes et tout allait de mal en pis.

Je me suis rendu compte que la vie a son propre fonctionnement et que bien des choses ne se passent pas comme je voudrais qu'elles se passent. Plus je m'obstinais, plus je contrôlais et plus les événements m'échappaient. Désormais, je formule ce que je souhaite et je lâche prise sur la façon dont cela va se mettre en place.

«Voilà ce que je voudrais. Si c'est juste pour moi, merci de le mettre sur ma route. Je m'abandonne avec confiance à la vie, car je sais qu'elle concourt à mon plus grand bien!»

Trouver ce qui nous rend heureux !

Nous sommes à la croisée des chemins. Ce que nous faisions avant ne nous convient plus, mais nous ne savons pas encore quoi faire. Quelle est notre nouvelle orientation ?

Nous serait-il possible de nous donner du temps pour sortir de la crise qu'elle soit dépression, maladie, accident, cap difficile où nous ne maîtrisons plus rien. Nous serait-il possible d'aller vers des activités qui nous donnent du plaisir, qui nous rendent heureux ? En nous donnant du temps, en lâchant prise, en cessant de vouloir que les choses se passent à notre façon, nous permettons à la vie de nous présenter des solutions, des opportunités, des rencontres, une place qui seront justes pour nous. Une place qui nous permettra réellement de développer les dons et les talents qui sont les nôtres. La satisfaction, le plaisir, la créativité et le bien-être seront de retour dans notre vie.

Lâcher prise revient à nous laisser guider par la vie, à écouter notre cœur et notre intuition. Nous avons parfois besoin de tout laisser s'écrouler. Contrôler ce qui s'effondre ne sert plus à rien. C'est là où on peut enfin se dire : « Je lâche le contrôle, car tout m'échappe. Je reconnais mon impuissance et mon impossibilité à maîtriser quoi que ce soit. » Cette reconnaissance de notre impuissance est le premier signe d'acceptation de la situation. Le début d'un processus d'évolution.

Quand nous faisons les choses que nous aimons, elles se mettent en place simplement, d'une façon évidente. Tout s'enchaîne d'une façon parfaite, nous sommes au bon endroit, au bon moment avec les bonnes personnes.

Autorisons-nous à cesser de faire ce que nous n'aimons pas et qui nous épuise et préférons plutôt choisir ce qui nous plaît ! Toute chose que nous faisons « avec plaisir » nous rend heureux ! Trouvons ce qui nous rend heureux et passons à l'action ! Essayons de faire ce que nous avons envie de faire. Nous nous épanouirons !

Nous avons tous une place bien spécifique sur cette Terre. Chacun de nous est doué dans un ou plusieurs domaines où il excelle. En faisant ce que nous aimons, nous nous donnons le meilleur de nous-même dans la joie et le bonheur. Faisons les choses avec enthousiasme, c'est un moteur magique !

Faire ce que nous aimons est à notre portée

Si d'autres ont réussi pourquoi pas nous ! Je propose un petit test. Choisissons la personne de notre entourage que nous admirons le plus et qui a réussi comme nous aimerions réussir. Demandons-lui comment elle y est arrivée. Quelles ont été ses motivations ? Ce qui l'a poussé à agir et à persévérer ? Répétons cette expérience auprès de toutes les personnes que nous admirons. Elles sont comme nous. La seule chose qui les différencie, c'est qu'elles ont décidé de croire en elles et en leurs projets. Nous aussi nous pouvons réussir ! Nous aussi nous pouvons changer d'optique !

Se donner le droit de réussir !

Là aussi tout dépend de notre ouverture d'esprit et de nos pensées. Rappelons-nous du principe de la loi d'attraction.

Regardons d'où nous venons et ce que nous avons déjà changé dans notre vie. Regardons le chemin que nous avons parcouru. Couchons sur papier nos réalisations, nos accomplissements dans tous les domaines. Alors ! Qu'en pensons-nous ? Nous pouvons être fiers de nous et des pas que nous avons déjà franchis. Bravo ! Soyons patients ! « Le monde ne s'est pas fait en un jour ! » Disons-nous que le meilleur reste encore à venir !

Faire travailler notre inconscient !

Notre inconscient a une vie tout à fait propre. Il n'a pas d'intelligence et ne fait que réaliser ce que nos pensées lui indiquent, dans le positif comme dans le négatif.

Il est également très performant la nuit. Pour qu'il soit vraiment efficace, posons-lui notre problème et demandons-lui de nous donner la solution parfaite. Essayez ce soir, quel que soit votre problème. Vous serez étonné !

Écrire nos buts

Le fait d'écrire ce que nous voulons, l'ancre dans notre subconscient. En l'épinglant dans les endroits stratégiques de notre maison, en nous les répétant et surtout en imaginant déjà le plaisir de les voir se réaliser, nous anticipons sur l'avenir. Nous mobilisons ainsi l'incroyable puissance de notre subconscient à tendre vers la réalisation de nos buts. Commençons par de petits objectifs atteignables aujourd'hui ou demain et voyons ce qu'il se passe.

Prendre conscience du pouvoir des mots que nous employons

Nous sommes-nous un jour intéressé à l'impact des mots ? Nous sommes-nous écoutés ? Avons-nous pris un jour le temps d'écouter notre façon de parler ? Quels termes utilisons-nous ?

« Rien de bien ne se passe jamais dans ma vie ! Je fais un travail que je n'aime pas ! Les autres sont ceci ou cela ! Je ne suis pas heureux ! Je n'ai jamais de chance ! J'en ai marre de galérer comme ça ! Qu'est-ce que j'ai fait au bon Dieu pour avoir une vie pareille ! Etc. »

Adopter un autre vocabulaire !

Les programmations, c'est bien, mais, seules, elles ne sont pas assez puissantes, car il manque l'énergie des émotions qui les accompagnent.

- Je suis quelqu'un de «super»! (Disons-le avec le sourire, en le pensant et en le vivant comme une vérité pour nous. Imprégnons-nous de la joie qui va avec.)
- Je crois en moi ! Je crois en mes possibilités ! Je crois en la vie ! (Idem)
- Tout ce que je choisis de faire, je le fais avec plaisir et bonheur ! (Visualisons et ressentons ce plaisir et ce bonheur. Imaginons-nous en train de faire ce que nous aimons le plus et ancrons cette image et cette sensation en nous.)
- Je suis entouré de gens formidables qui m'aident et me soutiennent dans mes projets ! (Visualisons des personnes bienveillantes train de nous aider dans nos projets.)
- La vie me soutient ! (Ressentons le plaisir et le bonheur lorsque la vie a mis sur notre chemin des personnes, des hasards ou des coïncidences au moment où nous en avions besoin. Rappelons-nous ces petits miracles sur notre route.)
- Je dépasse facilement les obstacles sur mon chemin ! (Ressentons la facilité de résoudre des problèmes sur notre route. Encore des petits miracles !)

- Je demande à la vie de me guider, de me donner des signes que je puisse comprendre facilement, pour que je puisse développer mes talents, pour mon plus grand bien et celui des autres.
- La vie a une place pour moi. Je me laisse guider par mon cœur et mon intuition vers ma juste place.

Sentons-nous une différence entre :

- Je suis faible et **Je me sens fort !** (Disons-le à haute voix !)
- Je suis pauvre et **Je suis riche de tout mon potentiel !** (Idem)
- Je suis malade et **Je suis en pleine forme !** (Sentons-le ! Créons-le !)

Ne croyons-nous pas que, nous aussi, nous pouvons commencer à utiliser ces termes et ressentir les émotions positives qui vont avec ? Imaginons que nous sommes un aimant qui attire ces nouveaux automatismes à nous. Visualisons qu'ils sont en nous et que nous les faisons rayonner dans tout notre être ! Sentons comme ils sont puissants, chauds, chaleureux, comme ils nous font nous sentir bien !

Découvrir nos points forts

Découvrons ceux que nous pourrions développer. Pratiquons-les. Voyons ceux qui nous conviennent le mieux. Quelles capacités avons-nous que les autres n'ont pas et qui font de nous un être unique et formidable ? Sommes-nous plutôt négociateur, plutôt décideur, intellectuel, manuel, organisateur, exécutant, artiste, sportif… Préférons-nous occuper le devant de la scène ou plutôt l'arrière ? Les grandes lignes ou les détails ? Nous aimons le travail en solitaire ou en équipe ? Sommes-nous doués pour les langues ? La communication ? Les chiffres ? Nous sentons-nous plus à l'aise dans l'écriture ou dans les discours ? N'hésitons pas à faire des essais. Quels sont nos talents ? Raconter des histoires, être acteur, chanter dans les chorales, animer des soirées, faire de la radio ou de la télé ?

Insister sur les points positifs et les qualités, les nôtres et ceux des autres !

Refusons d'entrer dans le jeu dévastateur des critiques et de la dévalorisation de nous-même et des autres. C'est réducteur et cela fait très mal. Les autres ne sont qu'un reflet de la partie de nous que nous refusons de voir et d'entendre. En les critiquant, en les jugeant, c'est encore nous que nous critiquons et que nous jugeons. Au contraire, en insistant sur les points positifs ou les qualités des personnes que nous n'aimons pas, nous transformons les anciens fonctionnements en quelque chose de bien plus agréable et surtout de plus puissant. En effet, en voyant le bon en l'autre c'est notre propre bonté que nous développons.

Découvrir et développer notre curiosité et notre créativité !

Découvrons notre curiosité. Intéressons-nous à nouveau à ce qui nous attire, à ce qui nous fascine ! On nous a dit que la curiosité est un vilain défaut, c'est faux. C'est elle qui nous permet de voir la vie à travers des yeux d'enfants. C'est ce qui permet à l'être humain de se passionner pour tant de choses. Faisons comme les enfants. Posons des questions. Cherchons à en savoir plus sur ce qui nous intéresse. Passons à l'action. Informons-nous. Voyons comment font ceux qui réalisent ce que nous rêverions de faire. Devenons autodidactes. Lisons. Instruisons-nous. Ce n'est pas parce que nous ne sommes plus à l'école que nous ne pouvons plus apprendre par nous-même. Bougeons ! Remuons-nous ! Prenons du plaisir à cela !

Nous sommes tous créatifs. Nous avons tous des talents. Faisons-nous confiance ! Faisons confiance à la vie ! Aidons-nous à les découvrir ! Toutes les formes de créativité sont bonnes. Lançons-nous vers ce qui nous attire : le dessin, la poterie, la sculpture, le chant, la danse, le travail du verre, du bois, les sports, les défis en tous genres ou des activités beaucoup plus calmes : balades d'observation de la nature... Découvrons ce qui nous attire !

Nos projets sont formidables ! Y croire et persévérer !

J'ai décidé d'aller frapper aux portes et peu importe si on refusait mes projets. Il y aurait bien un jour quelqu'un qui serait intéressé. J'étais soutenue par l'expérience du fameux Walt Disney créateur de Mickey et des centres d'attraction Disneyland. Il a dû proposer son projet à trois cent une banques qui ont refusé d'y croire. La trois cent deuxième a dit oui et tout est parti de là. N'est-ce pas de la persévérance ? Regardons l'exemple de tous ceux qui ont réussi. Ils ne se sont pas laissé abattre. Ils ont essayé, réessayé. Ils ont cru en leurs projets et leurs idées. Ne nous laissons pas démonter par les autres. Si nous aimons notre projet, soumettons-le autant de fois que nécessaire. Persévérons ! Rien n'est impossible à ceux qui ont la foi !

Nous avons droit au meilleur !

Jusqu'alors, nous nous sommes contentés de peu, de ce que nous avions. Par manque de confiance en nous, en nos capacités et en nos talents, nous étions plutôt l'adepte des « miettes ». Que ce soit dans nos ambitions personnelles, familiales, professionnelles ou sociales nous nous laissions définir par nos croyances négatives. Rien ne bougeait vraiment comme nous l'aurions souhaité. Nous étions partisans du « de toute façon, ça ne sert à rien ». Nous étions persuadés que notre vie ne serait qu'une succession de moments insatisfaisants, parce que nous ne valions pas mieux et que nous n'imaginions même pas avoir droit à mieux.

Eh bien non ! Chacun d'entre nous a droit aux bonnes choses. Permettons-nous de les imaginer. Donnons-nous le droit et l'autorisation de goûter à ce dont nous avons envie, à ce que nous souhaitons ! Ce n'est pas parce que nous avons eu une succession d'histoires amoureuses négatives que nous n'avons plus la possibilité de rencontrer quelqu'un qui nous apprécie tels que nous sommes, qui ait envie de partager sa vie avec nous, qui nous soit compatible et complémentaire. À nous de faire les choix judicieux pour découvrir si, oui ou non, cette personne nous convient.

J'aimerais citer une de mes amies qui, malgré une vie de dépendance affective, un divorce, deux enfants et des problèmes économiques pendant dix ans, a toujours su qu'un jour elle rencontrerait le bonheur. Son souhait s'est réalisé au-delà même de ses espérances. Lors d'un anniversaire, elle a rencontré un homme divorcé, plus âgé qu'elle, le père de la meilleure amie de sa fille. Ils se sont reconnus. Cela s'est fait naturellement, simplement. Il a adopté ses filles qui l'adorent. C'est une joie à chaque fois de l'entendre parler de son bonheur qui dure maintenant depuis dix ans. Elle y croyait et elle a attiré ce qu'elle souhaitait dans sa vie. La vie parfois prend plus de temps que ce que nous prévoyons. Gardons toujours vivant ce qui nous tient à cœur. Gardons toujours cette petite flamme en nous.

Notre travail ne nous plaît plus. Qu'est-ce qui nous empêche d'aller chercher quelque chose de plus en accord avec nos talents ? Ne nous laissons pas intimider par les réflexions des uns ou des autres. Que savent-ils de nos rêves et de nos désirs ? Prenons des risques pour être heureux !

Qu'aimons-nous faire ?

Trouvons ce que nous aimons faire. Faisons des expériences. Procédons par élimination tant que nous ne savons pas ce que nous aimons faire. Touchons à tous les domaines : fabrication de modèles réduits, sauts en parachute, danse, créateur, artiste, bricoleur… Mais faisons ce que nous aimons. Nous n'avons qu'une vie ! Sortons de la masse !

Soyons nous-même ! N'acceptons plus d'être des « moutons de Panurge ». Faisons ressortir l'étincelle en nous ! Nous serons heureux parce que nous nous serons rendus heureux. Si nous sommes heureux, notre bonheur et notre enthousiasme sont contagieux. Nous rendrons les autres heureux en leur passant un peu de notre énergie !

Trouver notre voie et découvrir le sens de notre vie

Notre voie n'est pas celle des autres. En acceptant de nous laisser couler dans un moule fait par les autres, nous leur avons donné le pouvoir de diriger notre vie à notre place. Nous avons donc forcément, l'impression de passer à côté de notre histoire en la vivant par procuration ou en ne la vivant pas.

Ne nous laissons plus imposer ceci ou cela. Cherchons notre voie. Si nous ne savons pas ce que nous voulons faire, procédons par élimination, en essayant d'exercer différentes choses que nous aimons. Nous cernerons assez rapidement ce qui nous convient, parce qu'au fond de nous, nous le savons, mais nous ne croyons pas encore suffisamment en nous pour nous lancer. Soyons patients. Donnons-nous du temps. Nous arriverons à trouver notre place dans la vie.

Un excellent livre sur la question est celui de Laurie Beth Jones[1]. Grâce à lui, j'ai pu formuler ma propre déclaration de mission: «**Ma mission est de transmettre des outils simples et efficaces pour aider les autres à transformer de façon positive leur perception d'eux-mêmes, des autres et de la vie en général.**»

Trouvez la vôtre!

Nous sommes uniques, ne devenons pas une copie!

Nous avons notre propre style. Développons-le! Améliorons-le. Faisons-le ressortir! Soyons en fier! Faisons-nous confiance! Trouvons quelque chose qui nous ressemble vraiment, qui est en nous. L'imitation, ce n'est pas nous! Chacun de nous est unique! Nous avons tous un ou plusieurs dons en nous qui ne demandent qu'à être développés.

Vous êtes unique!

Croyons en nous! Nous ne sommes plus obligés de devenir une célébrité pour exister, mais croyons que nous avons ce «petit quelque chose» qui nous distingue des autres.

1 *Tous les chemins mènent à soi,* Laurie Beth Jones, Éditions Le Jour.

Découvrons nos dons ! Ils ont juste besoin d'un peu d'attention pour arriver à la surface et se laisser découvrir. Jamais je n'aurais cru pouvoir écrire un jour et j'en suis à mon septième livre. Alors pourquoi pas vous ?

Nous avons tous un destin, une place qui nous est réservée sur cette Terre, à nous de la trouver, de la découvrir. Et vous, quelle est la vôtre ?

Croire dans nos rêves et les réaliser

Dans *La magie de l'inattendu*[2], Rachel Guay raconte l'histoire d'une femme inscrite à un atelier pour découvrir et réaliser ses rêves. À chacune de ses visites, elle est incapable de définir son rêve, jusqu'au jour où elle lit un article sur les courses de chiens de traîneaux et décide de participer à un stage. À son retour dans le groupe, les autres lui demandent si elle a réalisé son rêve et si elle va le poursuivre. Elle répond que cela lui a beaucoup plu, mais, surtout, ça lui a donné le courage de prendre la décision de quitter son emploi.

Ne laissons pas les autres démolir nos rêves. Ce n'est pas parce qu'ils ne croient pas en nous et en nos possibilités,

---

[2] *La magie de l'inattendu*, Rachel Guay, Éditions Face à face.

qu'ils ont raison. Nos rêves sont importants ! Ne laissons personne briser les nôtres ! Poursuivons-les, sans nous laisser démonter ! Tout rêve mérite que nous lui donnions toutes les chances de réussir et peu importe ce qu'en pensent les autres.

Ne renonçons jamais à vos rêves !

Comment découvrir notre rêve ?

Posons-nous les questions suivantes :

- Quel était mon rêve alors que j'étais enfant ? Qu'aurais-je aimé être ou faire ?
- Est-ce toujours vrai ?
- Qu'est-ce qui m'enthousiasme et me fait bouger ?
- Qu'est-ce qui me rend capable de déplacer des montagnes ?
- Qu'est-ce qui m'a toujours passionné et enflammé ?
- Dans quoi suis-je le meilleur ?

La boîte à buts

N'hésitons pas à mettre sur une feuille tout ce que nous avons envie de faire ou d'avoir. Déposons nos buts, nos envies, nos projets dans une boîte. Confions-les à nos anges gardiens. Imaginons-les comme déjà accomplis et oublions-les. Ne limitons pas nos buts que ce soit dans le domaine de l'amour, de la réussite, d'un voyage, d'un travail, d'une rencontre, d'un bien. Déposons autant de papiers que nous le souhaitons. Rien n'est trop beau pour nous ! Nous avons droit au meilleur ! En croyant en leur réalisation, ils se matérialiseront. Revoyons les buts de notre boîte tous les mois et voyons ceux qui se sont déjà réalisés. Nous serons surpris ! C'est une méthode simple, à la portée de chacun. La seule chose que nous avons à faire est d'essayer !

Demander grand pour recevoir grand !

Dans les pays anglo-saxons, les gens ont cette capacité de croire que tout est possible. Ils sont dans l'énergie du possible. Ils ont une idée et la mettent en application, ils foncent et ne se donnent pas de limites.

N'est-ce pas incroyable de voir qu'en laissant ouvertes les portes du possible, les énergies se mettent en place, parfois comme par magie ! Alors pourquoi nous en priver ?

Soyons généreux avec nous-même. Si nous demandons petit, nous ne recevrons rien ou qu'un petit peu. Si nous osons penser que nous avons le droit de demander de bonnes choses pour nous, lançons-nous. Osons ! Donnons-nous ce droit !

Demandez et vous recevrez.

N'hésitons pas à demander de l'aide, à parler de notre projet à tous ceux que nous rencontrerons. Nous serons surpris du nombre de personnes qui pourraient nous prêter main-forte.

Mes aides

Les phrases « magiques »

Je vous propose certaines pensées de Louise Hay afin d'ouvrir votre esprit à des pensées positives qui vont vous aider à transformer notre vie !

En ce qui concerne ma tranquillité d'esprit, j'utilise ces affirmations :

- Je décide de me sentir toujours en parfaite sécurité. Tout va bien.
- Tout ce que j'ai besoin de savoir me sera révélé en temps utile.
- Je me trouve à la bonne place, au bon moment, avec la bonne personne.
- Je suis digne d'amour et de respect.
- Je m'accorde ce dont j'ai besoin pour me sentir bien.

- La prospérité et l'abondance font partie de ma vie.
- Je prospère dans tout ce que je fais.

Pour évoluer:

- Que suis-je en train d'apprendre de cette expérience?
- Quel aspect ou côté sombre de moi est-ce que je n'accepte pas?
- J'ai le choix de prendre une décision en ma faveur. Suis-je bien avec cette décision?
- Quel est le cadeau qui se trouve derrière cette expérience?
- Est-ce que je me simplifie la vie en prenant cette décision?
- Vais-je vers l'amour inconditionnel?

Pour chasser l'angoisse et la peur:

- Je m'aime et je m'accepte telle que je suis.
- Je suis amour. Je suis remplie d'amour. Je suis entourée d'amour.
- Je me sens en parfaite sécurité. Je me donne toute la sécurité dont j'ai besoin.
- Je suis là pour veiller sur mon enfant intérieur.
- Tous mes besoins sont pleinement satisfaits.

Une technique efficace : la programmation en vingt et un jours

Il a été prouvé que notre subconscient a besoin de vingt et un jours pour acquérir une nouvelle programmation et pour enregistrer de nouvelles habitudes.

Dans son livre *Changez votre vie en 21 jours*[1], Michelle Lemieux nous présente les pensées comme d'extraordinaires énergies qui ne demandent qu'à se matérialiser. Les pensées d'abondance génèrent l'opulence et celles de pénurie génèrent la pauvreté. D'après elle, chaque pensée pourrait être comparée à une semence. Il nous faut choisir soigneusement chaque graine que nous allons mettre en terre, car nous récolterons ce que nous avons semé. Qu'allons-nous choisir, le jardin fleuri ou le jardin plein de mauvaises herbes ?

L'avantage de cette méthode, c'est que c'est l'inconscient qui travaille. Notre seule responsabilité est de répéter consciemment les phrases tout au long des vingt et un jours.

---

[1] *Changez votre vie en 21 jours,* Michelle Lemieux, Éditions Quebecor.

Les fleurs de Bach

Ces essences de fleurs ont été particulièrement efficaces lors de mes caps difficiles. À vous de découvrir celles qui pourraient vous aider.

Pour ma part, j'ai une nette préférence pour la médecine à base de plantes. La seule chose dont mon corps ait besoin, c'est que je comprenne d'où vient le blocage psychologique à la base de mon malaise. Et surtout où se situe le manque de respect que j'ai eu vis-à-vis de moi-même.

Les livres de Louise Hay

Éditions Vivez Soleil : *Transformez votre vie*, *La force est en vous*, *L'amour sans condition*, *D'accord avec mon corps*, *Vivre*.
Éditions Jouvence : *Pensées pour le cœur (épuisé)*.

J'ai reçu son livre *Transformez votre vie* il y a bientôt treize ans et j'ai dû le relire trois fois à l'époque, car il parlait de quelque chose d'inhabituel : apprendre à aimer la personne que nous sommes. Comment était-ce possible ? Depuis, Louise Hay a transformé la vie de millions de personnes, de femmes en particulier, de dépendants affectifs et autres, de malades souffrants de maux qui les condamnaient. Selon elle, nous pouvons choisir les pensées pour nous valoriser, nous faire du bien, améliorer notre santé, guérir nos maladies, créer une vie de prospérité, d'abondance, de bonheur, réussir nos relations de couple, familiales, professionnelles.

Je trouve Louise Hay étonnante, une femme de cœur qui transmet ses découvertes à des millions de personnes sur le chemin de la guérison du cœur, du corps et de l'âme.

Je vous invite à découvrir ses livres et sa façon si étonnante de voir la vie et d'apprendre à aimer cette « énigme » que nous sommes souvent pour nous-même.

Les livres de Suzane Jeffers

La vie à bras-le-corps, La vie est immense, Tremblez mais osez. (Marabout)

Susane Jeffers sait ce qu'est traverser des épreuves douloureuses qui déstabilisent toute notre vie. Elle a su mettre des mots sur ce que je vivais. Ses livres sont forts, pratiques. Ils parlent un langage vrai. Ils nous touchent parce que ce qui y est dit vient du vécu et de ce que d'autres personnes ont su mettre en place pour traverser les épreuves de la meilleure façon possible. Je vous invite à les lire et à y puiser tout ce qui vous fait du bien.

Sachez que derrière chaque événement
qui fait basculer notre univers,
il y a un cadeau,
un message fort
pour nous dire
que l'on a des choses
beaucoup plus importantes à faire
que celles dans lesquelles
nous nous sommes perdus.

Que quelque part,
notre vie devait passer par là
pour nous rapprocher de notre vraie nature
et qu'il était important
que quelque chose vienne nous secouer
pour nous faire retrouver
le sens de notre vie et de notre présence ici-bas.

Rien n'est le fruit du hasard
et ce n'est souvent qu'avec le recul
que l'on peut se dire :
« Oui cette épreuve, aussi douloureuse soit-elle,
était nécessaire pour me révéler à moi-même
et donner un sens à ma vie. »

Merci la vie.

Je vous souhaite le meilleur !

La plus belle histoire d'amour
est celle que l'on vit d'abord avec soi-même !

Soyez bon avec vous-même !

Vous le méritez !

Vous êtes une personne formidable et unique !

Vous êtes digne d'être aimé

et d'aimer en retour…

Amicalement,
Eva

Du même auteur

Visitez son site : **http://eva-arkady.skynetblogs.be**

Aux Éditions Jouvence

Oser être soi –
Se libérer de la dépendance affective

Si :

- vous comptez sur l'autre pour combler le vide intérieur qui est en vous ;
- vous ne vous aimez pas, si vous ne vous appréciez pas ;
- vous ne vous respectez pas et ne vous faites pas respecter ;
- vous manquez de confiance en vous ;
- vous ne vivez que par et au travers du regard des autres ;
- vous faites toujours passer les autres avant vous ;

- vous vous consacrez à eux sans penser à vous ;
- vous en voulez à l'autre de ne pas être la personne que vous voudriez qu'elle soit,

alors vous êtes probablement « dépendant affectif ».

Se libérer de la dépendance affective, c'est entreprendre tout un cheminement de prise de conscience de règles et de fausses croyances de notre enfance, qui continuent à nous diriger en tant qu'adulte, afin de les transformer en valorisation de la personne unique et formidable que nous sommes.

Petit manifeste du plaisir au féminin

Pour changer ce que les hommes et les femmes croient concernant la sexualité et le plaisir féminin. À tous ceux et celles qui ont envie et qui sont prêts à vivre les choses autrement.

Il n'est pas toujours facile de parler de sexualité à l'intérieur d'un couple. Et cependant, il existe tant de fausses croyances, parmi les hommes et les femmes, concernant la sexualité et le plaisir féminin, que j'ai souhaité apporter un peu de lumière à ce sujet.

Si vous êtes de ceux et celles qui ont envie de faire en sorte que votre relation sexuelle soit plus épanouissante, car vécue dans la confiance, la communication, le partage et la sérénité, je vous invite à découvrir ensemble toutes les nouvelles possibilités qui s'offrent à vous.

Autres ouvrages de l'auteur à découvrir sur son site

Les livres publiés par l'auteur

Après la dépendance affective, retrouver confiance en soi par la méthode Arkady

Un livret simple et pratique pour vous permettre de comprendre et de prendre conscience des attitudes inadéquates de votre enfance, que vous continuez à utiliser dans votre vie actuelle d'adulte. Pour que chacun puisse découvrir de nouvelles démarches, afin de retrouver, à son propre rythme, la personne unique et formidable qu'il est.

L'indispensable aide-mémoire de la femme avertie

Lors des premiers instants de nos rencontres amoureuses, nous avons toutes un certain nombre de signes « feux rouges » qui s'allument pour nous prévenir que nous n'aimons pas tel ou tel détail (aspect physique, moral, psychologique, comportement, attitude ou réaction) de l'autre. Avec le temps, ces petits détails vont être ceux qui vont nous mener plus ou moins directement vers la rupture.

Si vous vous surprenez en train de vous dire : « Cela n'a pas d'importance, on verra plus tard, ce n'est qu'un détail, il va changer, je vais le changer», c'est que vous avez mis le doigt sur l'un de ces signes. Ce petit livret est le fruit de témoignages de nombreuses femmes qui ont décidé de tirer des leçons de leurs expériences amoureuses passées. Ainsi éclairée, vous saurez éviter les écueils douloureux!

Mieux vaut prévenir que guérir! Une femme avertie en vaut deux! Osez sortir des anciens schémas peu satisfaisants et ouvrez-vous de nouvelles routes et de nouveaux horizons. Votre voyage vous permettra de découvrir des voies inédites du bien-être et du bonheur dans une relation de plénitude sexuelle à deux.

Les témoignages de l'auteur

Dépendance affective: un cadeau pour apprendre à se connaître

La dépendance affective est une maladie, un mal-être symbolisé par un énorme vide affectif en nous. L'adulte que nous sommes devenu, continue à se remémorer et à revivre, dans son présent, les situations dysfonctionnelles et conflictuelles de son enfance. L'objectif de ce livre est de vous proposer mon propre parcours, mes prises de conscience et les leçons que j'ai pu en tirer. Ce cheminement est celui d'un début de rencontre avec les facettes inconnues de moi-même. Mon souhait est qu'il puisse vous aider à faire votre propre découverte de vous-même.

Sur le chemin de la transformation

Une épreuve difficile va m'aider à m'ouvrir enfin à moi-même. Pendant toute une année, un grand nombre de mes croyances vont être ébranlées, puis passées au « Kärcher® » pour un décapage intérieur. L'ancien va progressivement faire de la place à du nouveau. Je rentrerai en relation avec les facettes que j'ai longtemps rejetées, je vivrai enfin mes émotions, je reconnaîtrai mes faiblesses, je découvrirai ma dimension intérieure et spirituelle. Je vivrai des situations incroyables. Je reprendrai tout doucement confiance en moi. Je découvrirai progressivement ce qu'est l'acceptation de soi et de la vie. Je ferai des expériences étonnantes.

Un livre témoignage destiné à partager mon expérience avec vous et, également, pour que chacun puisse y trouver ce dont il a besoin pour son propre chemin.

Pour toute information complémentaire :

Eva Arkady (eva.arcadie@belgacom.net)

Eva Arkady est aussi artiste peintre
sous le nom d'Ani

Visitez son site :
http://ani-arts.skynetblogs.be

Du même auteur aux Éditions Jouvence

Oser être soi
Eva Arkady

Être affectivement dépendant, c'est trop attendre de l'autre tout en se croyant vide. Et se croire vide, c'est se manquer de respect et d'amour. Prendre confiance, exprimer ses besoins et les satisfaire sans (trop) compter sur les autres, telle est la voie ouverte par ce livre !

112 pages • Prix : 12,90 € / 22 CHF

Petit manifeste du plaisir au féminin
Eva Arkady

Analysant les frustrations sexuelles dont souffriraient 80 % des femmes, l'auteur décrit les nombreuses facettes du plaisir féminin, expose les conditions de son accomplissement et explore les différents moyens, naturels et artificiels, de l'obtenir ! Un petit guide qui offre aux hommes les clés du plaisir féminin et aux femmes, celles d'une sexualité heureuse et épanouissante !

80 pages • Prix : 9,50 € / 17 CHF

Achevé d'imprimer sur rotative par l'Imprimerie Darantiere à Dijon-Quetigny
en mai 2008 - Dépôt légal : février 2008 - N° d'impression : 28-0712

Imprimé en France

IMPRIM'VERT
Votre imprimeur agit pour l'environnement

Dans le cadre de sa politique de développement durable, l'imprimerie Darantiere a été référencée IMPRIM'VERT® par son organisme consulaire de tutelle. Cette marque garantit que l'imprimeur respecte un cycle complet de récupération et de traçabilité de l'ensemble de ses déchets.